Swami Sivananda

Parabeln

Titel der englischen Originalausgabe: „Parables of Swami Sivananda"
Copyright der englischen Originalausgabe / Alle Rechte vorbehalten: The Divine Life Trust Society, P.O. Shivanandanagar – 249 192, Distt. Tehri-Garhwal, U.P., Himalayas, Indien. Copyright dieser deutschen Ausgabe 2010: Yoga Vidya Verlag, Yoga Vidya GmbH, Wällenweg 42, D-32805 Horn-Bad Meinberg, ISBN 978-3-931854-27-0

4. Ausgabe 2010, Auflage: 500. Herausgegeben vom Berufsverband der Yoga Vidya Lehrer/innen e.V. Weitere Exemplare zu beziehen bei: Yoga Vidya GmbH, Wällenweg 42, 32805 Horn-Bad Meinberg. Tel. 05234/87-2209, Fax -2225, E-Mail: shop@yoga-vidya.de, Internet: www.yoga-vidya.de

Swami Sivananda
(1887-1963)

Inhaltsverzeichnis

Vorwort des deutschen Herausgebers   9
Vorwort des indischen Herausgebers   11
Bhakti Yoga   12
Die Herrlichkeit des Namens Rama   14

Teil 1: Philosophie und Lehren

1. Kapitel - Philosophie
Gleichnis von der Butter in der Milch   18
Gleichnis von der Krähe auf dem Dach   20
Gleichnis vom Traum des Königs   21
Gleichnis von der Frau, die ihr Spiegelbild schmücken wollte   23
Gleichnis vom Jackfrucht-Baum im Hof   24
Gleichnis von dem Mann und seinem Hund   27
Gleichnis vom Großgrundbesitzer und seinem Verwalter   28
Gleichnis von der verlorenen Armbanduhr   30
Gleichnis von der Fußmatte   32
Gleichnis vom zufriedenen Kamel   33
Gleichnis vom Reisenden und seinem Gepäck   34
Gleichnis vom Mann, der sein Gedächtnis verlor   35
Gleichnis vom gierigen Pilger   36

2. Kapitel - Der höchste Zweck menschlicher Geburt
Gleichnis vom Jungen, der die Wurzel goß   37
Gleichnis vom Pandit und dem Schal   38
Gleichnis von der Katze in der Hängematte   39
Gleichnis von der Prostituierten und ihrem Liebhaber   40
Gleichnis vom Jalataranga-Spieler und seiner Schale   42
Gleichnis vom Koshakara-Vogel   44
Gleichnis vom Mann, der Angst vor Moskitos hatte   45
Gleichnis von den beiden Geschäftsleuten   46
Gleichnis von den beiden Vögeln und dem Adler   48

3. Kapitel - Die Herrlichkeit des Guru
Gleichnis vom Blinden, der die Blinden führt   49
Gleichnis vom listigen Mann und den vier Narren   51
Gleichnis vom Boten des Millionärs   52
Gleichnis vom Pseudo-Verehrer   53
Gleichnis vom Brahmanishtha und seinem Schüler   55

Gleichnis vom wohlgefälligen Jüngling und dem schönen Mädchen	57
Gleichnis vom köstlichen Festmahl	58
Gleichnis vom argwöhnischen Mann, der ertrank	60
Gleichnis von dem Mann, der im Luxus lebte	61
Gleichnis vom Tuberkulosekranken	62
Gleichnis vom getäuschten Pilger	64
Gleichnis von den Schafen und dem Wolf	65

4. Kapitel - Voraussetzungen eines spirituellen Schülers

Gleichnis vom trauernden Vogel	67
Gleichnis vom aufdringlichen Kundenwerber	69
Gleichnis vom Gärtner und dem Schäfer	70
Gleichnis von der Opfergabe	71
Gleichnis vom geduldigen armen Mann	72
Gleichnis vom König und seinem Falken	75
Gleichnis vom König und dem Astrologen	77
Gleichnis vom bärtigen Mann und dem Haferschleim	78
Gleichnis von der Erbin, die einen häßlichen Mann heiratet	79
Gleichnis von der Schlange und der Ratte	80
Gleichnis von der Frau, die ihre Eheerlebnisse anpreist	83
Gleichnis von der frömmlerischen Anhängerin	84

5. Kapitel - Der Weg des Dienens

Gleichnis vom Bad des Elefanten	85
Gleichnis von der List der Mutter	86
Gleichnis von den Jungen und den Auberginen	87
Gleichnis vom Honig und der Kletterpflanze	89
Gleichnis von der Verdauungsstörung	91
Gleichnis vom Mann, der Schlamm mit Schlamm abwäscht	92
Gleichnis von den beiden Reisenden	93
Gleichnis vom Palast des Großgrundbesitzers	95

6. Kapitel - Der Weg der Gottesliebe

Gleichnis vom Schneider und der Nadel	96
Gleichnis von der Ameise und der Eidechse	97
Gleichnis vom unverbesserlichen alten Mann	99
Gleichnis vom Räuber	100
Gleichnis von der gesegneten Ratte	101
Gleichnis vom Millionär und den drei Bettlern	102
Gleichnis vom Holzfäller und Yama, dem Totengott	104
Gleichnis vom klugen Jungen	105
Gleichnis von der Güte des Adligen	106

7. Kapitel - Die Eroberung des Geistes

Gleichnis von den Ameisen und dem Zuckerberg	108
Gleichnis vom Mädchen, das den Polizisten und den Dieb anhält	109
Gleichnis vom armen Mann und seiner Schatztruhe	110
Gleichnis vom Unkraut im Feld	111
Gleichnis vom betrügerischen Postbeamten	112
Gleichnis vom Mann, der das Euter der Kuh abschneidet	113
Gleichnis vom Turban des Anwalts	114
Gleichnis von den hundert Kindern	115

8. Kapitel - Der Weg des Weisen

Gleichnis vom Korn und vom Stroh	116
Gleichnis von den vier Gelehrten	117
Gleichnis vom Jungen und der Kerze	119
Gleichnis von den Menschen, die vor Angst starben	120

9. Kapitel - Die Natur des Jivanmukta

	121
Gleichnis vom Traum des Jägers	121
Gleichnis von der Fackel im Dunkeln	122
Gleichnis vom Kind und vom Schatten	123
Gleichnis von der Verschmutzung des Feuers	124
Gleichnis von den Kühen und den Kratzpfeilern	126

Teil 2: Andere Gleichnisse

Gleichnis von König Janaka und den Schriftgelehrten	128
Gleichnis von der alten Frau und der Nadel	129
Gleichnis von der Schwiegermutter und dem Bettler	130
Gleichnis vom gewährten Wunsch	131
Gleichnis vom Sadhu und dem Schwert	135
Gleichnis vom Jungen, der die Uhrzeit nicht lesen konnte	137
Gleichnis vom Vogel und der Baumwollkapsel	138
Gleichnis vom Mann im Maul der Pythonschlange	139
Gleichnis vom Studenten und dem Engel	140
Gleichnis vom Wasser und vom Feuer	141
Gleichnis vom Opiumraucher und dem Spiegelbild des Mondes	143
Gleichnis vom armen Ehepaar	145
Gleichnis vom Lieblingskind	147
Gleichnis vom Lehmpferd	149
Gleichnis vom Philosophen und dem zerbrochenen Spiegel	150
Gleichnis vom Brahmanen, der dem Regen entkam	151

Gleichnis vom Schaffner, der aus dem Bus fiel	152
Gleichnis vom Direktor, der die Uhrzeiger entfernte	153
Gleichnis vom Jungen und seinen Schuhen	154
Gleichnis vom maskierten Jungen und der Maus	155
Gleichnis vom Streit der Kinder über Lehmhäuser	156
Gleichnis vom Mann, der vorgab, eine Frau zu sein	157
Gleichnis vom Ochsenkarrenlenker	159
Gleichnis von König Puranjana	160
Gleichnis vom unachtsamen Reh	164
Gleichnis vom wortkargen Spartaner	165
Gleichnis von Mahmud und Ayaz	167
Gleichnis vom Theaterstück	168

Swami Sivananda	*172*
Die Divine Life Society	*173*
Glossar	*176*

Vorwort des deutschen Herausgebers

Die Höchste Wirklichkeit kann nicht beschrieben und auch nicht gelehrt werden. Die Höchste Wirklichkeit ist das Ziel des Lebens. Sie ist eine Erfahrung, die man machen kann und nach der alle Menschen, bewußt oder unbewußt, streben.

Den Weg dahin kann man erklärt bekommen, die Aufgaben, die Gefahren, die Hindernisse, die Versuchungen, die Prüfungen, aber auch die Wegmarkierungen und die Erfahrungen unterwegs. Dies kann mittels intellektueller Analyse und Beschreibung geschehen.

Geeigneter als intellektuelle Worte jedoch sind Geschichten und Gleichnisse, die sich auf Alltagserfahrungen gründen und sich direkt an das Herz und damit die Intuition richten. Darum haben die großen Meister/innen in Ost und West immer wieder Geschichten erzählt und in Gleichnissen geredet. Eine alte Weisheit ist: wie unten, so oben. Wenn man eine einfache Gesetzmäßigkeit auf der praktischen alltäglichen Erfahrungsebene versteht, kann man diese auch auf höheren Ebenen des spirituellen Lebens anwenden. Seit Jahren fragen mich Teilnehmer/innen von Yogaseminaren immer wieder, wo sie inspirierende Geschichten finden können. Ich bin froh, hier einen ganzen Band mit Geschichten, Parabeln und Gleichnissen auf Deutsch veröffentlichen zu können.

Swami Sivananda war einer der größten Yogameister des 20. Jahrhunderts. Eine seiner großen Stärken war seine Fähigkeit, sich im persönlichen Gespräch in jeden Menschen hineinfühlen zu können. So gab er den Menschen spirituelle Ratschläge in einer solchen Art und Weise, daß sie sofort verstehen konnten, was er meinte. Er sprach sehr oft in Gleichnissen und Bildern, die aus dem Beruf oder den Lebensumständen der Ratsuchenden stammten. Die Erfahrung aus diesen Gesprächen hat er in diesem Buch kondensiert. So ist jede dieser Parabeln wie ein direkter Ratschlag an den Aspiranten.

Swami Sivananda entnahm diese Parabeln aus vielerlei Quellen. Einige entstammen klassischen indischen Schriften wie dem Mahabharata und Ramayana. Manche entspringen populären Werken des Mittelalters wie Panchatantra. Manche hat er aus islamischen, antiken oder christlichen Quellen. Mit seinem unnachahmlich einfachen Stil bringt er all diese Geschichten auf den Punkt. Swami Sivananda lebte Mitte des 20. Jahrhunderts in Indien. Naturgemäß entsprechen viele seiner Gleichnisse eher der indischen Umwelt aus dieser Zeit als dem Fernseh-, Internet- und Auto-Zeitalter des 21. Jahrhunderts in Deutschland. Dennoch bin ich der Überzeugung, daß die Botschaften dieser Parabeln letztlich zeitlos sind und daher auch heute den Leser direkt ansprechen.

Mein besonderer Dank gilt all denen, die an diesem Werk beteiligt waren: Shankari Daniela Zeller für die Übersetzung, Suguna Siglinde Langer, Christine Schibura, Radha Anni Atner, Simone Sedlmayr und Barbara Angerer für die Korrekturen, Vishnu Markus Zimmermann für die Umschlaggestaltung und Swami Dayananda von der Divine Life Society Rishikesh, Indien, für die Ermutigung.

Ich wünsche dem Leser/der Leserin viel Freude und Inspiration beim Lesen dieser Geschichten und vielleicht auch beim Weitererzählen.

Sukadev Volker Bretz
1. Vorsitzender des Bundes der Yoga Vidya Lehrer

Übrigens, auf unseren Internetseiten *www.yoga-vidya.de/de/artikel* sammeln wir verschiedenste Geschichten, Gleichnisse usw. rund um Yoga und spirituelles Leben. Du kannst Dich dort inspirieren lassen, oder, wenn Du selbst Geschichten kennst, Deine Beiträge anderen Suchenden zur Verfügung zu stellen. (eMail an: info@yoga-vidya.de).

Vorwort des indischen Herausgebers

Die Wahrheit ist einfach. Einfach sind die Worte von gottverwirklichten Heiligen. Swami Sivananda ist ein Meister darin, die tiefsten spirituellen Wahrheiten in einfachen Worten darzulegen, so daß selbst Laien sie verstehen können. Sein Mitgefühl ist so groß, daß er die Wahrheit der Schriften allen zugänglich machen möchte, egal auf welcher intellektuellen Ebene sie sich befinden. Darum hat er wirklich alle Methoden ausgeschöpft, den Menschen die Wahrheit näherzubringen. Er hat die alten Texte kommentiert, sie in Form interessanter Geschichten erzählt und wissenschaftliche Abhandlungen über metaphysische Fragen verfaßt. Er hat die alten Weisheiten in Aphorismen ausgedrückt und in Theaterstücken anschaulich dramatisiert. Er hat sie in Liedern besungen und in erhabene Poesie verwoben. Mit diesem Werk stellt Swami Sivananda eine weitere wirkungsvolle Methode der Wissensvermittlung vor - das Gleichnis. Der Geist beschäftigt sich gerne mit einer interessanten Geschichte. Die spirituelle Wahrheit darin prägt sich dem Geist automatisch und unauslöschlich ein. Sie wird nicht nur verständlich, sondern sie wird auch dauerhaft aufgenommen.

Diese Gleichnisse sind von unschätzbarem Wert, nicht nur, um als spiritueller Sucher (*Sadhaka*) darüber zu meditieren, sondern auch für spirituelle Lehrer, denn die Gleichnisse können helfen, die Botschaft in die Herzen der Zuhörer zu bringen.

– THE DIVINE LIFE SOCIETY –

Bhakti Yoga

1. Entwickle Hingabe durch *Japa* (Mantrawiederholung), *Kirtan* (Mantrasingen), *sattwige* (reine) Nahrung, Verehrungsrituale und ähnliches. Sehne dich nach einer Vision Gottes. Liebe Ihn von ganzem Herzen. Denke stets an Ihn.

2. Suche die Gesellschaft von Heiligen, Rechtschaffenen und Weisen. Lies erhebende Bücher wie die *Bhagavat Gita*, das *Ramayana* (indisches Heldenepos) und Bücher über das Leben von Heiligen.

3. Der Name Gottes ist Göttlicher Nektar. Der Name ist deine einzige Zufluchtsstätte, deine einzige Stütze und dein einziger Reichtum. Name und *Nami* (das Benannte = Gott) sind eins. Singe stets Seinen Namen mit Hingabe. Mache *Kirtan* (Mantrasingen). Dies ist das wichtigste Sadhana (spirituelle Praxis) im *Kali Yuga* (das Eiserne Zeitalter).

4. Bete aus tiefstem Herzen zu Gott: „Ich bin Dein. Alles ist Dein. Dein Wille geschehe. Ich bin ein Instrument in Deinen Händen. Du tust alles. Du bist gerecht. Schenke mir Vertrauen und Hingabe."

5. Fühle ständig die Gegenwart Gottes. Sieh Gott in jedem Gesicht. Erblicke die ganze Welt als Ausdruck Gottes.

6. Praktiziere Sadachara (richtiges Verhalten). Pflege Tugenden und rotte Fehler aus. Sei gut. Sei freundlich zu allen. Sei bescheiden. Sei rein. Sprich die Wahrheit. Beherrsche Ärger. Habe ein weites Herz. Entwickle Mitgefühl.

7. Lehre das Auge, die Gestalt Gottes zu erblicken. Lehre das Ohr, das Spiel (*Lila*) und die Herrlichkeit Gottes zu hören. Lehre die Hände, den Heiligen und Armen zu dienen.

8. Nimm Zuflucht zu Gott. Ergib dich vollständig und bereitwillig. Lebe für Ihn. Bringe Ihm all deine Handlungen dar. Seine Gnade wird auf dich herabkommen.

9. Habe vollständiges Vertrauen in Gott. Glauben ist notwendig, um Gott zu erreichen. Glaube kann dir Zugang zu den innersten Räumen Gottes gewähren.

10. Wiederhole ständig inspirierende Verse (Lobpreisungen des Ruhmes Gottes), *Mantras* oder die Namen Gottes. Das wird zu einem göttlichen Gedankenhintergrund führen.

Die Herrlichkeit des Namens Rama
(Rama Nama)

1. Die Herrlichkeit des Namens *Rama* ist unermeßlich.

2. Rama, der alldurchdringend ist, wird verwirklicht, wenn der Verehrer die Selbstsucht überwindet und alle Verhaftungen, die vom Egoismus herrühren, durch die ständige Erinnerung an den Namen Ramas (Rama smarana) verschwinden.

3. Rama wohnt im Herzen jedes einzelnen.

4. Rama liebt den, der ihn verehrt, wenn dieser ihm sein individuelles Selbst zu Füßen gelegt hat.

5. In göttlicher Liebe segnet Rama den Verehrer mit der Wonne der Erfahrung des Selbst.

6. Der Verehrer überantwortet sich ganz der Gnade Ramas.

7. Rama liebt den, der ihn liebt. Auf diese Weise wird der Verehrer von Rama selbst eingeweiht.

8. Der Verehrer ist voll innerer Wonne und hat keinerlei Bedürfnisse nach irgend etwas anderem als dem, was er dank seines aufrichtigen Bestrebens durch die Gnade Ramas erhält.

9. Ein Verehrer Ramas steht unter direktem Schutz und fühlt Freude beim Gebet: „Oh mein Herr Rama; lebe immer in meinem Herzen und segne Deinen hingebungsvollen Anhänger mit Deiner Liebe".

10. Der Verehrer sieht Rama in allen individuellen Seelen. Göttliche Liebe fließt von Rama zu ihm. Er ist voller Geduld.

11. Ein Verehrer Ramas befindet sich immer zu dessen Füßen. Er führt den Auftrag und den Willen Ramas aus. Er widmet sein ganzes Selbst Gott.

12. Möge der alles durchdringende Rama die ganze Menschheit mit Göttlicher Liebe segnen!

Teil 1
Philosophie und Lehren

1. Kapitel: Philosophie

Gleichnis von der Butter in der Milch

Ein junges Mädchen kehrte zum ersten Mal, seit es in der Stadt wohnte, in sein Heimatdorf zurück. Am Abend, bevor sie ins Bett gingen, nahm seine Mutter einen Topf mit Kuhmilch, und goß etwas Buttermilch hinein. Das Mädchen fragte: „Mutter, das war Buttermilch. Warum hast du sie mit der Milch vermischt? Die Milch kann dadurch doch verderben!" „Kind," antwortete die Mutter, „so gewinnt man Butter aus Milch." „Aber wo ist die Butter in der Milch, Mutter?" „Sie ist in jedem Tropfen der Milch, mein Liebes, aber du kannst sie jetzt nicht sehen. Ich zeige es dir morgen früh." Am Morgen sah die Tochter, daß das, was abends noch flüssig gewesen war, über Nacht fest geworden war. Die Mutter nahm einen Quirl und schlug den Sauerrahm kräftig. Butter begann sich auf der Oberfläche des Rahms zu bilden. Die Mutter schöpfte die Butter ab und zeigte sie der Tochter. Die Mutter erklärte: "Der Zusatz von Buttermilch läßt die Milch gerinnen. So verwandelt sich Milch in Sauerrahm. Dann mußt du den Rahm quirlen. Dadurch gewinnt man die Butter, die in der Milch enthalten ist. Am Anfang sieht man die Butter nicht; trotzdem kommt sie aus der Milch. Wie du jetzt weißt, war sie die ganze Zeit da. Sie mußte durch den Vorgang des Quirlens zum Vorschein gebracht werden." Die Tochter führte nun die gleichen Arbeitsschritte aus und erhielt so ebenfalls Butter.

In gleicher Weise nähert sich ein weltlicher Mensch einem Mahatma (großer Meister) und fragt ihn: „Oh *Sadhu* (Wandermönch), warum hast du der Welt entsagt und statt dessen *Vairagya* (Leidenschaftslosigkeit) und *Tyaga* (Entsagung) in dein Leben gebracht? Warum läßt du das Leben

1. Kapitel: Philosophie

nicht seinen natürlichen Gang gehen?" Der *Sadhu* antwortet: „Bruder, ich tue dies, um Gott zu verwirklichen." „Wo ist Gott?" „Er ist alldurchdringend." Für den weltlichen Menschen ist das nicht einsichtig. Der Weise erklärt dann, wie man Geist und Charakter, die wankelmütig und nach außen gerichtet sind, beständig und standhaft machen kann. Dann sollte man den Quirl einpünktiger Konzentration und Meditation nehmen und damit den festgefügten Geist (*Antahkarana* = inneres Instrument) gut umrühren und schlagen. So verwirklicht man Gott. Er ist alldurchdringend, in jedem Teilchen der Schöpfung. Aber Er ist für das physische Auge nicht sichtbar und kann nur durch den Prozeß des *Sadhana* (spirituelle Übung) verwirklicht werden.

So wie die Tochter von der Mutter lernte, daß Butter in der Milch enthalten ist und durch den Vorgang des Butterns zum Vorschein kommt, so braucht man auch einen Lehrer (*Guru*), um zu erkennen, daß Gott alldurchdringend ist und durch spirituelle Praxis erreicht werden kann. Wenn der Aspirant den Anweisungen des Guru folgt, kann auch er Gott verwirklichen.

Parabeln

Gleichnis von der Krähe auf dem Dach

Ein Mann kam in ein Dorf und fragte jemanden an einer Kreuzung: „Mein Freund, wo ist das Haus von Herrn Iyer?" „Sehen Sie das Haus, auf dessen Dach eine Krähe sitzt? Das ist das Haus von Herr Iyer," antwortete dieser. Der Mann ging weiter. Eine Woche später kam er wieder. Auf keinem der Dächer saß eine Krähe. Wiederum fragte er jemanden: „Welches ist das Haus von Herrn Iyer?" Er bekam die Antwort: „Das dreistöckige Steinhaus dort." Von da an kannte der Mann das besagte Haus ganz genau.

Die Schriften (*Shastras*) sprechen über Gott oder *Brahman* (das Absolute) als den höchsten Ursprung des Universums. Aber es gibt Zeiten, in denen überhaupt keine Schöpfung existiert. Daher ist dies keine umfassende Definition von *Brahman*. Man braucht ewige Begriffe wie „Satyam Jnanam Anantam Brahma" (*Brahman* ist Wahrheit, Erkenntnis, Unendlichkeit). Wenn man sich daran orientiert, kann man das Ziel, *Brahman* (Gott, das Absolute), niemals verfehlen.

1. Kapitel: Philosophie

Gleichnis vom Traum des Königs

Ein König legte sich in seinem Palast schlafen, der von allen Seiten von Wachposten bewacht wurde. Nicht einmal eine Fliege konnte in den Palast eindringen und den König stören. Das Schlafzimmer war mit jeglichem Komfort ausgestattet, den man sich vorstellen kann. Es fehlte an nichts, um dem Monarchen zu tiefem Schlaf zu verhelfen.

Kurz nachdem er sich hingelegt hatte, hatte der König einen Traum. Irgendwie war ein Schakal in den Palast eingedrungen, hatte ihn angegriffen und ihm einen Zeh seines linken Fußes abgebissen. Inzwischen erreichte ihn die Nachricht, daß Feinde in sein Königreich eingedrungen seien und alles erobert hätten. Er flieht in panischer Angst, aber der abgebissene Zeh schmerzt ihn sehr. Zur Behandlung sucht er einen Arzt auf. Der Arzt weigert sich, ihn zu behandeln, da er kein Geld für die Arztrechnung bei sich hat. Als Bettelmönch flieht er in den Wald. Dort findet er einen *Mahatma* (Meister), der seine Wunden heilt. Er fühlt große Dankbarkeit im Herzen. Da wacht er auf.

Der Traum schwindet. Der König liegt immer noch auf seinem goldenen Bett in seinem Palast, wo keine Fliege eindringen kann. Er stellt fest, daß es weder den Schakal, noch die Wunde, noch seine Flucht in den Wald gibt. Aber die Gnade des *Mahatma* hat einen tiefen Eindruck hinterlassen. Obwohl alles ein Traum war und er sich dessen auch bewußt ist, behält er den Dienst des heiligen Mannes für immer in Erinnerung und zieht Inspiration daraus.

In gleicher Weise ist der Mensch (*Jiva*, die individuelle Seele) tatsächlich der höchste Herrscher des Universums. Es fehlt ihm an nichts. Er ist im Besitz der höchsten Wonne – ist Wonne selbst. Aber wenn sich der Schleier der Unwissenheit über ihn legt, träumt er und der Schakal des Egoismus beißt ihn. Die Sinne als seine Feinde überwältigen ihn. Die

Parabeln

Glückseligkeit, an der er sich so lange erfreut hat, ist verschwunden; er erfährt Unglück und Leid. Unruhig sucht er nach Befreiung vom Elend und nach Glückseligkeit.

Überall begegnet ihm Selbstsucht. Ohne unmittelbaren Nutzen ist niemand bereit, ihm auch nur ein Glas Wasser zu geben. Angewidert von der Welt, nimmt er Zuflucht bei einem Weisheitslehrer (Sat-Guru). Der Guru heilt seine Wunden und erweckt sein höheres Bewußtsein. Die erwachte Seele erkennt: Alles ist nur ein langer Traum. Die Dankbarkeit für den weisen Lehrer, der sie von der Krankheit von Geburt und Tod geheilt hat, bleibt. Die Unterweisung des Gurus und seine Gnade bleiben, während alles andere, was Teil des Traumes war, verschwindet. Die erwachte Seele fühlt wieder, daß sie die höchste Herrscherin des Universums ist, daß nichts ihre Souveränität je beeinträchtigt hat, daß es weder Unwissenheit noch Egoismus gab, und daß sie von Ewigkeit zu Ewigkeit fortfährt, das gleiche Selbst zu sein – immer wonnevoll, friedvoll und unsterblich.

Gleichnis von der Frau, die ihr Spiegelbild schmücken wollte

Eine Frau schaute sich selbst im Spiegel an. Das Spiegelbild gefiel ihr nicht. Sie holte Schmuckstücke und begann, das Spiegelbild damit zu schmücken. Aber es wollte ihr nicht gelingen. Sie brachte die Schmuckstücke nahe an das Spiegelbild heran. Im Spiegel sah es nun so aus, als ob sie sich im Gegenteil vom Spiegelbild entfernten. Schließlich legte sie sich den Schmuck selbst um. Zu ihrer Verwunderung war jetzt auch das Bild im Spiegel geschmückt und sah sehr schön aus.

Das Spiegelbild repräsentiert *Jiva*, die individuelle Seele, und die Frau das Selbst oder Gott. Der unwissende Mensch meint, es fehle ihm an Wohlstand, Reichtum und Glück. Er jagt den Dingen der Welt hinterher und häuft Reichtum und Luxus an. Diese befriedigen ihn jedoch nicht, noch bereichern sie seine Seele. Je mehr er versucht, sich mit den Reichtümern der Welt zu schmücken, desto weiter entfernen sie sich von ihm. Dann versteht er, daß sein kleines Selbst das Spiegelbild des alldurchdringenden Atman, des Höchsten Selbst, ist. Er bringt all seinen Wohlstand dem Selbst dar, durch Wohltätigkeit, Hilfsbereitschaft und Selbsthingabe. Er dient den Armen, Kranken und Leidenden mit der Überzeugung (*Bhava*), dem gleichen alldurchdringenden Selbst in allen zu dienen. Er bringt sich dem Selbst dar, indem er über es meditiert. Er schenkt dem Spiegelbild, dem *Jiva*, keine Aufmerksamkeit mehr; statt dessen widmet er sich der Wirklichkeit und erkennt, daß er selbst im Besitz allen Erfolgs, aller Schönheit, allen Glücks und aller Wonne ist.

Oh Mensch, gib den Wunsch nach Selbstbehauptung in der Welt auf und suche das wahre Selbst. Du bist nicht dieser Körper, Geist, Intellekt und nicht das kleine „Ich"; du bist der unsterbliche, alldurchdringende *Satchidananda Atman*, das Selbst, das reines Sein, reines Wissen, reine Wonne ist. Verwirkliche dies und sei frei.

Gleichnis vom Jackfrucht-Baum im Hof

In einem Hof stand ein großer Jackfrucht[1]-Baum, der von unten bis oben schönste Früchte trug. Wie besessen stürmte der Sohn des Hauses mehrmals hinaus zu dem Baum. Er berührte die Früchte, aber sie waren noch hart und nicht reif. So wandte er sich mißmutig wieder ab. Weit weg von zu Hause hatte er eine Palme gesehen. Dorthin wollte jetzt. Nach einem Fußmarsch von mehreren Stunden in der glühenden heißen Sonne stand er vor der Palme. Seine Gier hatte einen Höhepunkt erreicht. Die wenigen kleinen Früchte an der Spitze des Baumes verlockten ihn. Als er auf die Palme zustürmte, fiel er in einen Busch, dessen Dornen ihn am ganzen Körper zerkratzten. Ohne sich darum zu kümmern, begann er, auf die Palme zu klettern. Die Schuppen am Stamm waren hart und messerscharf und verletzten ihn. Er achtete nicht darauf. Wie er so hinaufkletterte, wurde er von einem Schwarm giftiger Ameisen, deren Bisse wie Feuer brennen, am ganzen Körper gebissen.

Irgendwie schaffte er es, die Spitze zu erreichen. Oben schwärmten Hunderte von Bienen um die Früchte herum. Sobald er sie pflücken wollte, stachen sie ihn. Mehr als die Hälfte der Früchte fiel nach unten. Mit dem Rest kletterte er hinunter. Unterwegs verlor er einige davon. Unten setzte er sich hin, um die restlichen zu genießen. Zu seinem Entsetzen stellte er fest, daß der größte Teil bereits harte Nüsse waren, deren Schale mühsam entfernt werden mußte. Sie hatten auch nur ganz wenig Fruchtfleisch. Voller Widerwillen warf er sie schließlich weg. In dem Moment kam er wieder zu Sinnen. Nun litt er alle möglichen Qualen. Der Schmerz

---

1. Sehr großer Baum in Indien und einigen anderen asiatischen Ländern. Die Früchte sind sehr groß, dick, hart und schwer, oval bis rund, ähnlich wie Wassermelonen, wachsen direkt am Stamm, oft bis weit hinunter. Außen grüne Schale. Das reife Fruchtfleisch ist crème- bis gelbfarbig und wird roh, gekocht oder gebraten gegessen. Die weißen Samen innen schmecken ähnlich wie weiße Bohnen und werden für Currys, Dhals etc. gekocht.

der Dornenstiche, die Bisse der Ameisen, die Stiche der Bienen und die Schnitte an seinem Körper von den scharfen Schuppen des Stammes – all das schien ihn gleichzeitig zu martern.

Mittlerweile waren einige Tage vergangen. Blutend, mit zerfetzten Kleidern, lief er nach Hause – dort wartete sein Vater mit köstlichen reifen Früchten auf ihn. Der junge Mann stolperte ins Haus und fiel seinem Vater zu Füßen. Ohne zu fragen, gab der Vater ihm neue Kleider, zog die Dornen aus seinem Körper, versorgte die Wunden und reichte ihm dabei die ganze Zeit honigsüße Früchte. Der junge Mann war glücklich und schlief friedlich auf dem Schoß seines Vaters ein.

In gleicher Weise ignoriert der Mensch die Quelle immerwährender Wonne im Innern seines eigenen Herzens. Er schreckt vor den anfänglichen Schwierigkeiten im *Sadhana* (spirituelle Praxis) zurück. Er macht sich nicht die Mühe, dieses grobe Äußere zu öffnen, um dafür höchste Wonne zu genießen. Er ist hungrig. Er läuft weg von sich selbst und seinem Baum, der die besten Früchte hervorbringt. Über den brennenden Sand des *Samsara* (Rad von Geburt und Tod) läuft er hierhin und dorthin. Hier fällt er in den dornigen Busch der Schande, dort schlägt er sich wund an den Felsen des Fehlschlags. Er verliebt sich. Wie viel von seinem sorglosen Leben muß er opfern, bevor er sich der Angebeteten nähern kann! Während er den Baum der Ehe erklimmt, beißen ihn tausend Sorgen - von der Ernährung der Kinder bis zum Geldverdienen für den notwendigen Lebensunterhalt für sich und seine Frau. Aber immer noch verfolgt er dasselbe Ziel. Er ist beschäftigt mit den kleinen Früchten des sinnlichen Vergnügens. Während er danach greift, befallen ihn verschiedene Leiden. Schließlich wird er all dieser Dinge überdrüssig und erkennt, daß er von der Welt in Wirklichkeit nicht die geringste wirkliche Freude erwarten kann. Er sucht nach einem Ausweg.

Während er den Baum des Familienlebens besteigt, zerreißen die scharfen Kanten der Forderungen von Gläubigern und Verwandten seine Kleider und fügen ihm am ganzen Körper blaue Flecken zu. Er bleibt zurück mit zerfetzten Kleidern und einem verwundeten, erschöpften Körper. Müde setzt er sich für eine Weile hin und untersucht die Früchte, die die Ursache all seiner Schwierigkeiten waren. Die meisten haben eine harte Schale, der Rest ist nur ein bißchen dünne Haut. Wenn Schale und Haut entfernt werden, bleibt nichts mehr - außer Wunden und Quetschungen, Stiche und Bisse, zerrissene Kleider und ein müder Körper. Überdrüssig und angeekelt wirft der Mensch die illusorischen Früchte weg und läuft nach Hause.

Hier wartet der Lehrer mit den köstlichen Früchten der Weisheit auf ihn. Er hat alle bereits geschält und zum Essen vorbereitet. Der Guru trocknet die Tränen, heilt die Wunden und bringt die neuen Kleider der Entsagung und Hingabe. Der Mensch fällt ihm zu Füßen und ruht sicher in seinem Schoß. Mit höchster Liebe und großem Mitgefühl, wie sie nur aus dem Herzen des Guru fließen können, nährt er den Schüler mit dem süßen Honig der Weisheit, dem Wissen um das Selbst (Atma-jnana). In seinem innersten Selbst erwacht, wendet sich der Mensch gleichsam wie im Schlaf von den Angelegenheiten der Welt ab und erfreut sich an dem großartigen schlaflosen Schlaf des Samadhi (überbewußter Zustand).

1. Kapitel: Philosophie

Gleichnis von dem Mann und seinem Hund

Ein Mann ging mit seinem Hund spazieren, auf den er sehr stolz war. Der Hund lief immer vor ihm her. Der Mann hatte auch immer einen Regenschirm dabei. Um zu zeigen, daß sein Liebling alles für ihn tat, ließ er den Hund den Regenschirm zwischen den Zähnen tragen. So lief der Hund mit dem Regenschirm stolz vor ihm her. Plötzlich begann es zu regnen und der Mann wollte den Regenschirm benützen. Aber der Hund war ein gutes Stück voraus. Daher lief der Mann dem Hund eilig nach. Der verstand nicht, warum sein Herr plötzlich hinter ihm herlief. Erschrocken rannte er nach Hause, so schnell er konnte. Als der Mann endlich auch zu Hause ankam, war er bis auf die Haut durchnäßt.

Der Mensch (*Jiva*, die individuelle Seele), geblendet von Stolz und Unwissenheit, vertraut sein spirituelles Bewußtsein dem Geist an. Eine Weile scheint es so, als ginge der Geist voraus und führe den Menschen. Der Geist beherrscht das Bewußtsein und der Mensch hat das Gefühl, sicher zu sein. Dann kommt ein heftiger Schauer des Leides des weltlichen Lebens und der Versuchung der Sinnesobjekte. Der Hunde-Geist mit dem Regenschirm des spirituellen Bewußtseins entfernt sich immer weiter.

Wenn das Bewußtsein nicht dem Geist anvertraut wird, der, nebenbei gesagt, ohnehin nicht wirklich Gebrauch davon machen kann, dann kann sich der Mensch selbst vor dem Regen des Elends und der Versuchungen schützen. Ansonsten entfernt sich die Befreiung von Leid und Ablenkungen immer mehr, je schneller der Mensch vorwärts stürmt.

Darum begehe nicht die Dummheit, dem unzulänglichen Geist deinen spirituellen Reichtum und dein spirituelles Wohlergehen anzuvertrauen. Er ist höchst unzuverlässig und wird dir im Ernstfalls nichts nützen. Lerne, auf Gott allein zu vertrauen. Mache Ihn zu deiner alleinigen Stütze.

Gleichnis vom Großgrundbesitzer und seinem Verwalter

Ein *Zamindar* (Grundbesitzer) beauftragte einen Verwalter mit der Beaufsichtigung seiner Ländereien. Der Verwalter erhielt weitreichende Vollmachten über die Besitztümer. Die Angestellten wurden dazu angehalten, seine Anweisungen zu befolgen. Sie gingen davon aus, der Verwalter habe die Macht, sie zu kontrollieren, sie einzustellen oder zu entlassen. Der Besitzer beobachtete den Agenten und seine Aktivitäten aus dem Hintergrund. Nach und nach wurde der Verwalter immer hochmütiger und arroganter und maßte sich mehr und mehr die Macht des Besitzers an. Eines Tages kam ein *Sadhu* (Weiser, Heiliger; Mönch) und wollte den *Zamindar* besuchen. Der Verwalter wies den *Sadhu* streng zurecht: „Wo soll hier ein *Zamindar* sein? Hier gibt es keinen *Zamindar*. Ich bestimme hier alles. Was immer du willst, frage mich danach." Der *Sadhu*, der über besondere Kräfte verfügte, rief aus: „Oh *Zamindar*, bitte komme und kläre diesen Mann auf!" Der *Zamindar* kam sofort herein, als ob er auf diesen Ruf gewartet hätte. Der Verwalter senkte beschämt seinen Kopf und fiel dem Besitzer und dem *Sadhu* demütig zu Füßen. Der *Zamindar* enthob ihn sofort aller Ämter und stellte ihn erst wieder ein, nachdem er seinen Fehler vollständig erkannt und aufrichtig gelobt hatte, niemals mehr die Souveränität des *Zamindars* in Frage zu stellen, sondern seine Herrlichkeit gegenüber allen zu preisen.

Der Großgrundbesitzer steht für das Höchste, für Gott. Der Verwalter ist der Geist. Der Geist ist aus Gott entstanden; er strahlt nur durch Sein Licht und hat in Wahrheit keine unabhängige Existenz. Aber es scheint so, als seien seine Kräfte unbegrenzt, weil das Selbst den Geist als seinen Verwalter eingesetzt hat, um das Spiel (*Lila*) der Welt fortzuführen. Der Geist meint, er sei Herr der Sinne, und habe die Macht, die Sinne einzusetzen oder zurückzuziehen. Der irregeleitete Geist verleugnet die ihm übergeordnete Kraft. Dann kommt der gottverwirklichte Heilige, der den Geist an das Selbst erinnert. Aber der weltliche Mensch leugnet die Existenz des Selbst: „Wo soll das Selbst oder Gott sein? Ich bin alles!" Aber der Guru oder verwirklichte Heilige ist nicht so leicht zu besiegen. Er ruft den Menschen den Namen Gottes in Erinnerung. Nun erkennt der Mensch die höhere Macht. Er anerkennt die alldurchdringende und allgegenwärtige Natur Gottes und übergibt sich Ihm ganz. Gott entläßt sofort den Geist. Wenn der Geist zur Ruhe kommt, dann geht der *Sadhaka* (spirituelle Sucher) in *Samadhi* (überbewußter Zustand) ein und genießt Glückseligkeit. Wenn er aus Samadhi zurückkehrt, ist er ein vollständig veränderter und gereinigter Mensch. Er schwört, Gott niemals mehr zu verleugnen, sondern immer seine Herrlichkeit zu preisen.

Gleichnis von der verlorenen Armbanduhr

Ein Mann suchte wie wahnsinnig etwas in einem dunklen Raum. Er tobte, schrie und veranstaltete ein riesiges Durcheinander. Dabei zerbrach er so manches und stolperte über anderes, ohne indes zu finden, was er suchte.

Ein Freund schaute zur Tür herein und fragte nach dem Grund seiner Aufregung. Der Mann antwortete: „Oh mein Freund, ich habe meine Armbanduhr verloren. Sie ist weg."

Der Freund sagte: „Wie kann sie hier verschwinden? Was für ein Narr du bist, daß du in der Dunkelheit nach der Uhr suchst! Ich habe Licht mitgebracht. Nun beruhige dich erst mal. Denke nach und versuche, dich zu erinnern, wo die Uhr sein könnte. Dann wirst du sie bald finden."

Der Mann hielt sich an diesen Rat und fand die Uhr. Sein Freund erklärte: „ Die Uhr war weder verloren noch hast du sie wiedergewonnen. Sie war die ganze Zeit hier. Aber aufgrund der Dunkelheit im Raum und weil du an der falschen Stelle gesucht hast, hast du sie nicht gefunden. Jetzt, wo die Unwissenheit beseitigt ist, denkst du, du hast sie wieder. Sie war jedoch immer dein und nicht wirklich verloren."

Im tiefsten Inneren jedes Menschen befindet sich das Selbst, voll Wonne und Frieden. Blind durch die Dunkelheit der Unwissenheit ist der Mensch unfähig, das Selbst zu sehen und die Wonne und den Frieden zu erfahren. Auf der Suche nach Glück und Frieden streift er zwischen den Objekten der Welt umher, bringt sich selbst und die Dinge durcheinander, verursacht Unglück für sich und andere, weint und klagt. Aber das Gesuchte findet er nicht. Zuletzt erscheint der Guru (Lehrer) mit der Lampe der Weisheit. Er erklärt dem Menschen: „Beseitige die Dunkelheit der Unwissenheit mit der Lampe der Weisheit. Beruhige dich. Bringe alle

1. Kapitel: Philosophie

Gedankenwellen zur Ruhe. Dann analysiere alle Erfahrungen und meditiere darüber. Du wirst das Selbst entdecken. Du hast es niemals verloren, noch jetzt wiedergefunden. Es ist immer da gewesen. Du wußtest es nur nicht. Jetzt, wo in deinem reinen Herzen und ruhigen Geist das leuchtende Selbst erstrahlt, hast du das Gefühl, es wiedergefunden zu haben."

Gleichnis von der Fußmatte

Ein Mann betrat eilig das Haus seines Nachbarn. Vor der Türschwelle befand sich eine farbenfrohe Fußmatte mit der Aufschrift „Willkommen". Ohne sie weiter zu beachten, trat er auf die Matte. Sie rutschte weg und der Mann stürzte auf den Rücken. Dabei wurde die Matte so hochgeschleudert, daß sie mit der Rückseite nach oben wieder herunterfiel. Der Mann verfluchte die Fußmatte und das Wort „Willkommen" darauf, und stand auf. Sein Blick fiel wieder auf die Matte, auf deren Rückseite er jetzt las: „Vorsicht: Gefahr!". Die Aufschrift auf der Rückseite war extra für die bestimmt, die unachtsam auf die Matte traten!

Ein Mann liest in den Schriften: *'Maya Tatam Idam Sarvam'* (Alles ist durchdrungen von Mir), *'Isavasyam Idam Sarvam'* (Alles ist wahrhaftig Gott), *'Sarvam Khalvidam Brahma'* (Alles ist wahrhaftig Brahman). Da ja alles von Gott durchdrungen ist, glaubt er, es bestehe keine Notwendigkeit zu Wachsamkeit, *Vairagya* (Leidenschaftslosigkeit) und *Sadhana* (spirituelle Praxis). Er rutscht aus und stürzt. Wie kann Gott ihn so fallen lassen? Sind die Schriften falsch, die sagen: „Alles ist durchdrungen von Mir"? Nein. Der Mann schaut sich nochmals die Schriften an. Nun entdeckt er eine weitere Aussage: *'Anityam Asukham Lokam Imam Prapya Bhajasva Mam'* (Wenn du in die unbeständige Welt voller Leid kommst, dann verehre Mich). Jetzt erkennt er: Wenn man nachlässig ist und zu sehr an weltlichen Dingen hängt, rutscht man bei jedem Schritt aus. Obwohl die Welt von Gott durchdrungen ist, muß man seinen Weg achtsam gehen, wachsam und frei von Wünschen.

1. Kapitel: Philosophie

Gleichnis vom zufriedenen Kamel

Ein Kaufmann mußte eine Wüste durchqueren. Er mietete ein Kamel und lud ihm das gesamte schwere Gepäck sowie eine kleine leere Büchse auf den Rücken. Das Kamel brach unter dieser Last zusammen und bewegte sich nicht vom Fleck. Der Kaufmann nahm die leere Büchse herunter und warf sie weg. Das Kamel fand nun, das Gewicht auf seinem Rücken sei stark vermindert und brach auf. Ohne weitere Unzufriedenheit durchquerte es den heißen Sand der Wüste.

Diese Welt - die Wüste des *Samsara* (Kreislauf von Geburt und Tod) - ist ein Platz, wo *Maya* (Täuschung) ihr Geschäft betreibt. Sie wirft die arme Seele (*Jiva*) in die Wüste mit ihrem brennenden Sand endlosen Schmerzes und Leidens. Der Mensch ist schwer beladen mit Krankheit und Leid, Sorgen, Ängsten und Schmerzen. Gelegentlich erleichtert Maya, die Täuschung, die Last um ein geringfügiges Leidenspäckchen. Dadurch erfährt man ein wenig Freude. Nun glaubt man, vollständig von allem Leid der Welt befreit zu sein und eilt Kopf voraus in die Wüste des Kreislaufs von Geburt und Tod (*Samsara*). Armer, irregeleiteter Mensch! Die ganze Zeit trägt er das volle Gewicht und läßt sich von der List der *Maya* täuschen.

Parabeln

Gleichnis vom Reisenden und seinem Gepäck

Ein Dorfbewohner erhielt ein dringendes Telegramm von seiner Frau, die in einem entfernten Dorf wohnte. Sie sei sehr krank und wünsche, ihn zu sehen und zu sprechen. Der Dorfbewohner, der noch nie Zug gefahren war, eilte zur Bahnstation und kaufte eine Fahrkarte. Unmittelbar hinter der Bahnstation wurden Reparaturarbeiten an den Gleisen ausgeführt, so daß der Zug sehr langsam fuhr. Der Dorfbewohner verstand nicht, warum der Zug sich so kriechend vorwärts bewegte. Er war auch ungeduldig, das Dorf seiner Frau zu erreichen. So begann er nachzudenken, und meinte zuletzt: „Was für ein Narr ich bin! Nicht nur ich bin eine Last für den Zug, sondern ich habe auch noch mein Bettzeug und meinen Koffer als zusätzliches Gewicht bei mir. Wegen dieses Gewichts fährt der Zug so langsam." Sofort hob er den Koffer und das Bettzeug auf und trug sie auf dem Kopf – sehr zum Vergnügen seiner Mitreisenden.

Der Mensch besteigt den Zug des Lebens auf der Erde. Er wird von unsichtbaren Kräften getragen. Aber sein Glück (seine Frau) ist in ernster Gefahr. Er möchte es schnell erreichen. Die Dinge ereignen sich nicht immer so, wie man es wünscht. Der Ungeduldige meint, wenn er die Verantwortung für Familie und Kinder, Geschäftsangelegenheiten und häusliche Angelegenheiten selbst trägt, wird er sein Ziel – das Glück - schneller erreichen. Er weiß nicht oder vergißt, daß es in jedem Fall der Zug ist, der ihn und sein ganzes Gepäck trägt, ob er es nun auf dem Kopf hat oder auf dem Boden des Abteils. Gott ist letztlich der Schirmherr, die Kraft hinter allem.

1. Kapitel: Philosophie

Gleichnis vom Mann, der sein Gedächtnis verlor

Beim Kricketspielen wurde ein Mann von der Kugel am Hinterkopf getroffen. In seinem Kopf wirbelte es. Ihm wurde schwarz vor Augen und er fiel in tiefe Ohnmacht. Man brachte ihn ins Krankenhaus. Nach verschiedenen Operationen kam er wieder zu Bewußtsein. Er fragte zuerst nach etwas zu essen. Als er sich umsah, bekam er Angst. Er fragte: „Wer seid ihr?" „Was ist das?" Die Krankenschwestern merkten, daß er sein Gedächtnis verloren hatte. Er konnte sich weder an seine Verwandten noch an seinen eigenen Namen erinnern. Die älteste Krankenschwester, die ihn zum Bewußtsein zurückgebracht hatte, übernahm die Rolle einer Mutter und adoptierte ihn. Der Mann hielt sie für seine richtige Mutter. Er pflegte neue Beziehungen und fand neue Freunde. Es war kaum ein Jahr vergangen, als es ihn unwiderstehlich zum Kricketplatz zog. Er spielte so gut wie früher, erkannte jedoch keinen seiner ehemaligen Mitspieler wieder. Diese wunderten sich über seine seltsame Veränderung.

Genauso spielt der Mensch das Spiel des Lebens auf der Erdebene. Der Tod ergreift ihn. Es wird dunkel um ihn. Er verliert das Bewußtsein. Boten aus der anderen Welt bringen ihn fort. Seine schlechten Taten martern ihn. Bei der nächsten Geburt kehrt sein Normalbewußtsein langsam zurück. Er weint angesichts der seltsamen Dinge um ihn herum. Er sucht instinktiv die Mutterbrust und saugt die Muttermilch. Wenn sein Bewußtsein gegenüber der Welt sich mehr und mehr entwickelt, beginnt er zu fragen: „Wer ist das?" Er hat seinen wahren Vater und seine wahre Mutter – nämlich Gott - vergessen. Die Frau, die ihn zur Welt brachte, sagt: „Ich bin deine Mutter." Er akzeptiert sie und findet sich in einem neuen Kreis von Verwandten und Freunden. Bald beginnt er das gleiche gewohnte Spiel des Lebens, getrieben von den *Samskaras* (Eindrücken im Unterbewußtsein) aus früheren Leben. Weise Menschen wundern sich über dieses Geheimnis der Seelenwanderung. Obwohl die Erinnerung an frühere Geburten verloren ist, bleiben die *Samskaras* und *Vasanas* (Neigungen) erhalten und lenken den Menschen.

Gleichnis vom gierigen Pilger

Ein Mann, der auf eine Pilgerreise gehen wollte, lieh sich hundert Rupien von einem Freund. Nachdem er verschiedene Orte besucht hatte, kehrte er in seinen Heimatort zurück. Als er den Freund traf, von dem er sich das Geld geliehen hatte, erinnerte dieser ihn daran. Der Pilger fragte: „Wieviel soll ich dir bezahlen?" „100 Rupien natürlich!" „Oh, du willst alles zurück?" - Was für eine sonderbare Frage!

Genauso merkwürdig ist das menschliche Verhalten. Das Individuum betritt das Riesenreich des Samsara (Geburt und Tod) und wandert dank dem von Gott verliehenen Bewußtsein durch verschiedene Daseinsebenen - als Mineral, als Pflanze, als Tier und als Mensch. Als Mensch kommt die individuelle Seele ihrem Ursprung, Gott, wieder sehr nahe. Nun, da die Reise fast zu Ende ist, verlangt Gott das geliehene Bewußtsein wieder zurück. Der Mensch soll erkennen, daß seine Seele Gott gehört. Das ganze Herz sollte Gott dargebracht werden. Aber dem unwissenden Menschen, der voll Verlangen und Wünschen ist, der Täuschung unterliegt und an weltlichen Dingen hängt, widerstrebt das. Wie machtvoll *Maya*, die Täuschung, doch ist!

2. Kapitel: Der höchste Zweck menschlicher Geburt

Gleichnis vom Jungen, der die Wurzel goß

Ein Vater wollte die Intelligenz seiner beiden Söhne testen. Er wies jedem von ihnen die Aufgabe zu, sich um einen Mangobaum zu kümmern und versprach, denjenigen zu belohnen, dessen Baum die besten Früchte im Überfluß hervorbringen würde. Der eine Junge bemerkte, daß die Blätter verwelkten und am Ende der Zweige Blüten hervorkamen. So kletterte er auf den Baum und goß jedes einzelne Blatt. Die Blätter welkten weiter und schließlich verdorrte der Baum. Der andere Junge hingegen goß die Wurzel. Sein Baum war grün und gesund und brachte viele köstliche Früchte.

Gott gewährt eine menschliche Geburt, um die Entwicklung der Intelligenz des Menschen zu testen. Der eine befriedigt seine Sinnesbedürfnisse und erwirbt weltliches Wissen, weil er meint, dies sei der richtige Weg zu ewigem Frieden und Unsterblichkeit. Er stirbt als Unwissender. Der weise Mensch hingegen widmet sich der Kontemplation über Gott, die Wurzel aller Schöpfung, und erlangt so allen Reichtum und alles Wissen des Universums, Unsterblichkeit und immerwährende Wonne.

Gleichnis vom Pandit und dem Schal

Ein König schenkte einem Pandit (Schriftgelehrter) einen kostbaren Kaschmirschal. Dieser hatte keine Ahnung vom Wert des Schals. Er putzte sich damit die Nase und reinigte seine Füße. Erbost über so viel Dummheit befahl der König, dem Pandit den Schal wieder wegzunehmen, da er nicht damit umzugehen wisse.

Die kostbare menschliche Geburt ist uns als großes Geschenk von Gott gegeben worden. Viele verschwenden sie einzig zur Sinnesbefriedigung, zur Anhäufung von Gold und Ruhm. Bald kommt der Tod und nimmt dieses Geschenk Gottes, das der Mensch dergestalt mißbraucht hat, wieder weg.

Daher nutze diese kostbare menschliche Geburt für *Japa* (Mantrawiederholung), Studium der Schriften, selbstloses Dienen und Meditation. Verwirkliche das Selbst und sei frei!

Gleichnis von der Katze in der Hängematte

Ein Mann hörte einen sanften Schrei im Nebenraum. Er dachte, sein neugeborener Sohn sei im Schlaf gestört worden. Er ging hinein und sah, daß die Hängematte seines Kindes sich bewegte. Er schaukelte die Hängematte und sang ein Wiegenlied. Nach ein paar Minuten sprang zu seiner großen Verblüffung plötzlich eine Katze heraus und lief davon. Sie hatte die Milchflasche in der Matte mit ihren Krallen durchstochen und die Milch ausgetrunken. Das Baby war gar nicht mehr in der Hängematte, denn die Mutter hatte es vorher herausgenommen.

Der Mensch hört die süßen, sanften Worte der Zärtlichkeit seiner Familie, von Frau bzw. Mann und Kindern. Er freut sich sehr und bemüht sich, ihnen das Leben angenehm zu machen. Irgendwann entdeckt er, daß sie nicht wirklich aus Liebe zu ihm nett sind, sondern aus Selbstsucht. In der Hängematte seines Haushalts findet er nicht ihm zugetane Menschen, sondern selbstsüchtige Verwandte und Bekannte, die die Milch seines Lebens trinken und sich freuen, einen Dummkopf wie ihn gefunden zu haben.

Schaue in die Hängematte. Die Katze wird aus ihr herausspringen. Lasse dich nicht täuschen. Denke an deine Aufgabe, nämlich spirituell zu leben und die Selbstverwirklichung zu erreichen.

Parabeln

Gleichnis von der Prostituierten und ihrem Liebhaber

Ein Mann war total vernarrt in eine Prostituierte. Er verbrachte kaum eine Stunde in seinem eigenen Haus. Er schaute seine Frau nicht einmal mehr an und im Laufe der Zeit vergaß er, daß er überhaupt eine Frau hatte, ausgenommen zu den Essenszeiten. Er hatte einen guten Freund der ihm wohlgesinnt war und der erkannte, daß er sich ins Unglück bringen würde. Dieser Freund nahm ihn eines Tages zur Seite und sagte: „Mein Freund, du weißt, wie sehr ich dich mag. Darum bitte ich dich, von den Besuchen bei der Prostituierten abzulassen." „Warum? Sie ist so nett zu mir und wunderschön. Sie ist mein Leben. Ich kann mir keine Freude ohne sie und kein Leben ohne die Freude, die sie mir spendet, vorstellen." Der Freund sagte: „Ich habe einen guten Grund, wenn ich dich bitte, sie aufzugeben. Untersuche ihren Körper genau so, wie ich es dir jetzt sage. Du wirst feststellen, daß sie krank ist. Im Kontakt mit ihr wirst du dich anstecken." Der Mann folgte diesem Rat und fand heraus, daß sein Freund recht hatte. Ekel erfaßte ihn. Er verließ das Haus und ging von da an nicht einmal mehr die Straße entlang, in der sie wohnte. Seine Frau wartete zu Hause auf ihn. Später, wenn er Kraft der früheren Gewohnheit doch einmal diese Straße entlang ging, versteckte sich die Prostituierte und verriegelte die Tür, aus Angst, er könne sie beschimpfen und ihren anderen Kunden von ihrer Krankheit erzählen. Der Mann erfreute sich von nun an der erbaulichen Gemeinschaft mit seiner Frau und sie genossen reines Glück.

So ist es auch mit der Transformation des Menschen. In seinem eigenen Herzen ist unendliche Wonne. Aber er macht sich nicht einmal die Mühe, dieses Selbst auch nur zu sehen. Er weiß nicht einmal, daß es da ist! Die ganze Zeit gibt er sich *Maya* (Täuschung) und den Objekten der Sinnesbefriedigung hin. Nur kurze Zeit, nämlich im Tiefschlaf, kehrt er zu seinem inneren Selbst zurück und genießt dort Frieden und Glück, ohne sich jedoch des Selbst bewußt zu werden. Seine Augen sind blind vor Unwissenheit. Dann kommt ein selbstverwirklichter Weiser als sein bester Freund und Wohltäter zu ihm. Er sagt ihm: „Oh Mensch, gib diese Maya, diese Sinnesvergnügen auf. Siehe! Da ist höchste Wonne im Inneren deines Herzens. Gehe dorthin und genieße unendliche Glückseligkeit." Aber der Mensch erwidert: „Was ist das für eine Torheit! Wo kann da Glück sein, außer in den Sinnesobjekten? Ich ziehe größtmögliches Vergnügen aus den Sinnesobjekten. Ich glaube nicht, daß es davon abgesehen irgendein Glück gibt. Ich kann ohne sie nicht leben. Wie kann ich sie aufgeben?" Aber der Weise erklärt dem unwissenden Menschen: „Mein Freund, schau, ich habe einen guten Grund, dich darum zu bitten, diesen Sinnesobjekten zu entsagen. Sie haben einen großen Makel. Sie sind vergänglich und bringen letztlich Leiden. Denke an Krankheit, Alter, Tod. Dies sind die Eigenschaften der Sinnesobjekte. Wenn du dein Leben mit ihnen verschwendest, wirst du krank, alt und stirbst. Gib sie auf und genieße Unsterblichkeit und ewige Wonne."

Der Mensch setzt sich an einen ruhigen Ort und denkt über die Worte des Weisen nach. Er erkennt die Wahrheit. Er verbannt die Sinnesobjekte aus seinem Geist. Er kehrt zurück in sein eigenes Zuhause - den Sitz des Selbst - und erfreut sich dort immerwährenden Friedens und ewiger Wonne. Manchmal kommt er sehr nahe an die gleichen alten Sinnesobjekte heran, aufgrund der Kraft früherer *Samskaras* (Eindrücke im Unterbewußtsein). Aber *Maya*, die Täuschung, versteckt sich vor ihm, damit er sie nicht bloßstellt und die anderen davor bewahrt, ihre Opfer zu werden, wenn sie versucht, sie zu verführen. So genießt der Mensch sein Leben lang die Wonne des Selbst und wird schließlich befreit.

Gleichnis vom Jalataranga-Spieler und seiner Schale

Ein armer *Jalataranga*[2]-Spieler musizierte gerade voller Freude in seinem verfallenen Haus, als es zu regnen begann. Durch das undichte Dach tropfte es genau auf seinen Kopf. Er ließ sich davon in keiner Weise stören, sondern nahm eine der Schalen, auf denen er gerade gespielt hatte und stellte sie auf den Kopf. Die Schale fing die Wassertropfen auf und er spielte mit den anderen Schalen weiter. Als der Regen aufhörte, nahm er die Schale vom Kopf und benutzte sie wieder zum Musizieren.

Der nicht begüterte Musiker ist wie ein junger Mann, der nur geringfügige spirituelle Neigungen (*Samskaras*) hat. Das Gebäude, in dem er lebt, nämlich der Körper, ist nicht stark genug, um den Kräften der Natur zu widerstehen. Die Lebensenergie sickert durch ihn hindurch. Traditionellerweise studiert er die *Veden* und Schriften bei einem Guru. Er versteht die großen spirituellen Wahrheiten verstandesmäßig. Er wächst zum jungen Mann heran. Nun ist er den heftigen Regenfällen der vielfältigen Möglichkeiten und Angebote des Lebens ausgesetzt. Er läßt sich jedoch nicht dazu verleiten, von seinem Weg abzukommen. Er entdeckt, daß in einigen der alten Schriften der Zustand des Haushälters (*Grihastha* = jemand, der im Berufs- und Familienleben steht) für einen jungen Menschen seines Charakters beschrieben wird. Er heiratet also. Nun muß er sich zwar um seine Familie kümmern, aber das schützt ihn vor anderen Gefahren.

Er fährt fort mit der Musik des *Sadhana* (spirituelle Praxis), das heißt, er spiritualisiert sein Leben als Familienvater und im Beruf. Wenn er älter

---

2. Jalataranga: indische Klangschalen. Die Schalen werden mit dünnen Bambusstangen bestückt und mit unterschiedlichen Mengen von Wasser gefüllt, so daß verschiedene Klänge entstehen.

wird und der Regen der Verlockung durch sinnliche Vergnügen aufhört, entsagt er der Welt und fährt, unbelastet von familiären und gesellschaftlichen Pflichten, mit der Musik des *Sadhana* (spirituelle Praxis) fort.[3]

---

3. Anmerkung des Herausgebers: Dieser Geschichte liegt die Philosophie der vier hauptsächlichen Lebensstadien des Menschen zu Grunde. Das erste Stadium ist *Brahmacharya*, die Lernphase, wo man weltliches und spirituelles Wissen aufnimmt (etwa zwischen dem 11. bis 20./25. Lebensjahr). Das zweite ist *Grihastha*, das Berufs- und Familienleben, wo man seine Pflicht gegenüber Familie, Beruf und Gesellschaft erfüllt und dieses Alltagsleben spiritualisiert (ab dem 20./25. bis zum 50./60. Lebensjahr). Darauf folgt *Vanaprastha*, der Ruhestand. Die Kinder sind erwachsen, die Eltern ziehen sich zurück, geben ihr Wissen an andere weiter und praktizieren intensiv Yoga. Der vierte Zustand ist *Sannyasa*, etwa ab dem 70./75. Lebensjahr, die völlige Zurückgezogenheit in intensiver Meditation.

Gleichnis vom Koshakara-Vogel

Der *Koshakara*-Vogel lebt im Inneren des Baumstammes. Er bohrt ein Loch und baut ein stabiles Nest nahe an der Rinde. Um zu verhindern, daß andere Tiere hereinkommen, verstärkt der Vogel das Nest von allen Seiten, bis es nicht einmal mehr eine stecknadelkopfgroße Öffnung hat. Nachdem alles aus Sicherheitsgründen abgedichtet ist, bekommt der Vogel keine Luft mehr und stirbt in seinem Nest.

In seinem Bemühen, alles Leid und allen Schmerz auszuschließen, baut auch der *Grihastha* (der im Berufs- und Familienleben stehende Mensch) sein Nest namens Zuhause. Er richtet sich in Bezug auf Familie und innere Lebenseinstellung so ein, daß in seinem Geist kein Raum bleibt für etwas anderes als die äußere Welt der Sinne (das Material aus dem sein Käfig gemacht ist). Ließe er auch nur eine kleine Öffnung von *Vairagya* (Nichtanhaften, Wunschlosigkeit) in seiner Muschel offen, dann könnte er atmen und zur rechten Zeit Nahrung für die Seele erhalten. So aber geht er in seinem harten, stabilen Nest zugrunde.

Daher, wenn du dein Grihastha-Nest baust, lasse eine kleines *Vairagya*-Loch offen, durch das du, wenn die Zeit kommt, in die weite Welt der Gottesverwirklichung entkommen kannst.

Gleichnis vom Mann, der Angst vor Moskitos hatte

In einem Dorf im Himalaya am Rand dichter Wälder gab es zahlreiche Moskitos. Ein Bewohner konnte nicht mehr ruhig schlafen, weil die Moskitos jede Nacht regelrecht ein Festmahl aus ihm machten. Schließlich verließ er das Haus und schlief im Dschungel, wo die kühle Brise die Moskitos fernhielt. Eines Nachts wurde er von einem Tiger angegriffen und getötet.

Das ist auch oft die Motivation, wenn junge Menschen in einen Ashram (Ort, an dem Yoga gelebt und gelehrt wird) ziehen, um sich so vor den Alltagssorgen und -ängsten zu schützen. Die Grundvoraussetzung, die richtige innere Einstellung, fehlt. Sie verfügen oft nicht über Sadhanachatushtaya (die vier Eigenschaften, die nötig sind auf dem spirituellen Weg: *Vairagya* = Leidenschaftslosigkeit, *Viveka* = Unterscheidungskraft, *Shatsampat* = sechsfache Tugenden, *Mumukshutwa* = Wunsch nach Befreiung). Hauptsächlich fehlt ihnen *Vairagya*. Eine Zeitlang scheinen sie sich wohlzufühlen, da sie im Ashram nicht von Sorgen und Ängsten heimgesucht werden. Bald aber unterliegen sie wieder äußeren Einflüssen und streben nach Sinnesbefriedigung, Reichtum oder Ruhm.

Gleichnis von den beiden Geschäftsleuten

Einst machten sich zwei Geschäftsleute auf den Weg in ein fernes Land, um ihren Geschäften dort nachzugehen. Sie waren beide reich und hatten viel über die guten Gewinnchancen dort gehört. Rama, der eine von ihnen, dachte: „Ich werde mein gesamtes Vermögen investieren. Selbst wenn die Geschäfte zu Beginn auf wackeligen Beinen stehen und es Anfangsverluste gibt, wird mein Fundament stark sein und ich werde auf lange Sicht Gewinne erzielen." Dementsprechend investierte er sein ganzes Vermögen und begann sein Geschäft ernsthaft auf stabiler Basis. Trotz der üblichen Anlaufverluste überwand er die Anfangsstadien gut und wurde bald zu einem angesehenen Geschäftsmann. Im Laufe der Zeit machte sein Unternehmen mehr Gewinn als er sich jemals erträumt hatte.

Anders Govind, der zweite von ihnen, der mit einer gewissen pessimistischen Einstellung an die Sache heranging: „Wenn ich mein gesamtes Geld investiere und es dann verliere, werde ich weder Gewinn aus dem neuen Unternehmen haben noch über mein bisheriges Vermögen verfügen. Deshalb werde ich zunächst nur wenig investieren. Wenn das Geschäft einträglich ist, werde ich nach und nach mehr hineinstecken, weil ich dann nicht mehr auf die Sicherheit eines Vermögens im Hintergrund angewiesen bin." Er investierte also ein wenig, was jedoch von den Anfangsverlusten aufgefressen wurde. Er steckte nochmals ein wenig Geld hinein, das aber auch gebraucht wurde zur Deckung der anfänglichen Verluste, ohne daß ein Gewinn erzielt wurde. Im Laufe der Jahre stellte er fest, daß er all sein Geld verloren hatte und nichts mehr übrig war, wovon er hätte leben können.

Die beiden Geschäftsleute symbolisieren zwei spirituelle Aspiranten. Ihre Reise in ein fernes Land ist der Rückzug vom aktiven weltlichen Leben, um eine gute spirituelle Ernte zu erzielen.

So wie der eine Geschäftsmann seinen ganzen Reichtum auf einmal investiert, entsagt der eine Aspirant allem auf einmal. Er unterliegt einigen anfänglichen Schwankungen, richtet sich jedoch solide auf dem spirituellen Weg ein. Er schreitet rasch voran und erreicht bald die Wonne des spirituellen Lebens, das höchste Gut der menschlichen Existenz.

Mit Govind zu vergleichen ist der Aspirant, der in der Abgeschiedenheit auf etwas Bequemlichkeit verzichtet, seinen Reichtum jedoch unangetastet läßt, um in Notzeiten darauf zurückgreifen zu können. Er überlegt voller Zweifel: „Wenn ich mein ganzes Vermögen hergebe, mein Ziel aber nicht erreiche, dann bin ich vielleicht zu einem Leben als Bettler gezwungen. Darum will ich für alle Fälle etwas zurückbehalten. Wenn ich die ewige Wonne erreiche, werde ich freudig alles weggeben. Erreiche ich sie nicht, so sichert mir mein Vermögen wenigstens mein Auskommen in der Welt." Wenn die Zeit ihre mächtige Hand auf ihn legt, verliert er alle weltlichen Güter und er erntet auch keine Früchte des spirituellen Lebens.

Deshalb erinnere dich an die Worte Gottes: „Bei spirituellen Bemühungen gibt es weder Anfangsverluste noch Rückwirkungen. Wenn du dieses Gesetz auch nur andeutungsweise verstehst, bist du sicher vor Gefahren."

Entsage allem ohne Vorbehalte. Du wirst die Früchte des spirituellen Lebens ernten.

Gleichnis von den beiden Vögeln und dem Adler

Ein wunderschöner Adler flog hoch am Himmel. Zwei Vögel saßen am Boden und schauten zu, wie der Adler sich erhob und majestätisch in unbeschreiblicher Höhe schwebte. Der jüngere von ihnen fühlte Wellen der Verzweiflung in seinem Herzen aufsteigen: „Was hat es für einen Sinn, fliegen zu können, wenn wir es nicht so perfekt tun," sagte er zum anderen Vogel. „Wenn wir fliegen, dann sollten wir fliegen wie der Adler. Wenn wir dies nicht können, ist es besser, unsere Flügel abzubrennen. Ich werde künftig nicht mehr fliegen." Der ältere Vogel antwortete: „Bruder, das ist nicht die richtige Einstellung. Auch wir haben Flügel. Und wir können fliegen. Wir sollten nicht verzweifeln. Laß uns das tun, was wir können. Darin liegt Schönheit." Sowie er dies gesagt hatte, flog er davon. Der jüngere blieb niedergeschlagen sitzen, bis ein Jäger vorbeikam und ihn mühelos fing.

Ein Heiliger ist immer erhoben im Göttlichen und schwebt in den transzendentalen Bereichen göttlicher Wonne. Nicht alle Menschen können dies. Aber jeder Mensch ist von Gott mit einigen guten Eigenschaften und Talenten ausgestattet worden. Weisheit liegt darin, sie so gut wie möglich zu nutzen. Sonst wird man leicht eine Beute von Tamas (Trägheit) und versinkt tiefer im Ozean des Kreislaufs von Geburt und Tod.

3. Kapitel:
Die Herrlichkeit des Guru

Gleichnis vom Blinden, der die Blinden führt

Fünfzig von Geburt an blinde Männer saßen in einer Unterkunft für Pilger (*Dharmashala*). Sie wollten zu einem entfernten Pilgerort gehen. Vier weitere blinde Männer kamen vorbei und schlossen sich der Gruppe an, da sie dasselbe Ziel hatten. „Freunde," sagte der Führer der fünfzig zu den Neuankömmlingen, „wir sind blind und können den Weg zum heiligen Schrein nicht finden. Könnt ihr uns führen? Sehen eure Augen?" „Liebe Freunde," antworteten die vier, „wir haben eine Menge über die heilige Stadt gehört und wie man sie erreicht. Wir haben ein klares geistiges Bild der Wegstrecke. Obwohl wir sie nicht mit unseren Augen sehen können, sind wir zuversichtlich, unseren Bestimmungsort zu erreichen und euch dorthin führen zu können. Folgt uns." Mit einem Seil banden sie sich aneinander und der beste unter den Vieren führte die Gruppe an. Er hatte zweifellos eine geistige Vorstellung des Weges, was jedoch keine große Hilfe war. Er verirrte sich und stürzte in eine tiefe Schlucht. Die anderen, die nicht wußten, wohin er sie führte und die an ihm festgebunden waren, fielen nacheinander ebenfalls hinunter und kamen um.

Ähnlich ist es heutzutage mit vielen Menschen. Sie hören vom Land der immerwährenden Wonne, wo Heiligkeit und Göttlichkeit im Überfluß herrschen. Aber sie kennen den Weg nicht und warten darauf, hingeführt zu werden. Einige weitere blinde Menschen stoßen zu ihnen, die eine Menge über das Königreich Gottes gehört haben. Sie wissen vom Verstand her vieles und glauben, den Weg zu kennen. Nicht nur das – sie

Parabeln

glauben auch, andere führen zu können. Sie versprechen den Menschen, sie zum Königreich unsterblicher Wonne zu führen. Die leichtgläubige Menge folgt ihnen. Solche Führer haben einen gut ausgebildeten und geschulten Verstand, aber keine Selbstkontrolle und Erfahrung. Sie gehen dorthin, wo ihre Sehnsucht, ihre Neigungen (*Vasanas*) und Wünsche sie hinlenken. Sie fallen in die Schlucht der Sinnesbefriedigung und des Materialismus und kommen mit all ihren Anhängern um.

Folge nicht den blinden Irregeleiteten. Folge den Heiligen, die das Auge der Intuition haben, und erreiche die Wohnstätte der höchster Wonne.

3. Kapitel: Die Herrlichkeit des Guru

Gleichnis vom listigen Mann und den vier Narren

Ein Mann ging in einen Park. Alle Bänke waren besetzt. Er war müde und wollte sich ausruhen. Keiner von denen, die auf den Bänken saßen, schien die Absicht zu haben, bald aufzustehen. Der Mann ersann einen Plan. Er ging an den Rand des Parks und begann, interessiert nach oben zu schauen. Vier Leute, die in der Nähe auf einer Bank saßen, wurden neugierig und wollten wissen, was es da so Faszinierendes zu sehen gebe. Sie standen auf und kamen auf ihn zu. Sowie sie sich ihm näherten, ging er geradewegs auf die Bank zu und streckte sich bequem darauf aus. Während die vier noch lange darüber diskutierten, was er wohl gesehen haben mochte, schlief er bereits.

So geht es vielen Menschen. Oft kommt ein Studierter oder Politiker, der sich einen Namen machen und ein angenehmes Leben führen möchte, in eine führende Position. Der Politiker ist intelligent und hält „gewöhnliche" Menschen für Narren, die mühelos getäuscht werden können. Er verkündet, etwas ganz Neues, Aufsehenerregendes entdeckt zu haben. Die Menschen scharen sich um ihn und diskutieren untereinander endlos über seine Ideen. Währenddessen läßt er selbst sich mit einem dicken Bankkonto, Ruhm, allen Bequemlichkeiten und Vorteilen nieder.

Lasse dich von solchen Pseudoführern nicht täuschen. Halte dich an den Weisen mit echtem Wissen. Er wird dich erleuchten und dich zum Ziel ewiger Wonne und immerwährenden Friedens führen.

Gleichnis vom Boten des Millionärs

Ein Millionär wollte an einen anderen reichen Mann in der Nachbarstadt eine dringende Nachricht senden. Er rief seinen besten Sekretär und übergab ihm die Nachricht mit den Worten: „Bringe dies schnellstmöglich zu meinem Freund." Der Bote überbrachte die Nachricht, wie ihm aufgetragen worden war. Der stolze reiche Mann nahm die Botschaft hochmütig entgegen und sagte herablassend: „Ich hoffe, du hast bereits gegessen. Wenn nicht, nimm diese Frucht und geh." Der Bote war zutiefst verletzt. Auf dem Rückweg begegnete er einem armen Mann, der ihm mit großer Liebe und Beflissenheit ein Glas kühles Wasser anbot. Der Bote freute sich sehr und genoß die Erfrischung. Zu Hause erzählte er alles seinem Herrn. Dieser erkannte, daß die Beleidigung gegenüber seinem Sekretär im Grunde eine Beleidigung ihm selbst gegenüber war. Von nun an pflegte er keinen Kontakt mehr mit dem reichen Mann. Den Armen hingegen belohnte er reichlich.

Gott sendet der Menschheit seine Boten in Form von Heiligen und Weisen. Sie kommen auf die Erde mit der Botschaft der Hoffnung, Freude und Unsterblichkeit. Der hochmütige Mensch voller Stolz auf seinen Wohlstand, seine Position und Macht, baut dem Heiligen einen Ashram und spendet Geld für dessen Projekte - aber mit einer Einstellung von Arroganz, Selbstüberschätzung und Überheblichkeit. Ein armer Mann hingegen bietet dem Heiligen eine Blume, eine Frucht oder auch nur Wasser an; und mit dieser Gabe bringt er sein ganzes Herz dar. Der Heilige freut sich sehr darüber. So sieht Gott die verhältnismäßigen Verdienste des Reichen wie auch des Armen. Entscheidend ist *Bhava*, die innere Einstellung der Liebe und Hingabe, das Gefühl; Qualität, nicht Quantität.

Gleichnis vom Pseudo-Verehrer

Ein Feigling wollte sich vor den Augen der Öffentlichkeit als großer Anhänger von *Narasimha* (mythologische Gestalt; halb Mensch, halb Löwe) darstellen. Er hatte weder Mut noch Weisheit, weder Hingabe noch Aufrichtigkeit. Er ging zu einem Tätowierer, um sich die Gestalt *Narasimhas* auf den Rücken tätowieren zu lassen. Er glaubte, daß ihn die Leute dann für einen treuen Verehrer *Narasimhas* halten würden.

Der Tätowierer begann ruhig mit seiner Arbeit. Nach einigen Minuten konnte der Feigling die Nadelstiche nicht mehr ertragen. Außerdem quälte ihn die Vorstellung, ein lebendiger Mensch-Löwe sei dabei, auf seinem Rücken Platz zu nehmen. Er fragte: „Welchen Teil *Narasimhas* tätowierst du gerade?" Der Tätowierer antwortete: „Ich beginne gerade mit den Beinen." Der Feigling sagte: „Die Beine *Narasimhas* bereiten mir sehr viel Schmerzen. Ich möchte seine Beine nicht. Bitte tätowiere einen anderen Teil." Nun begann der Tätowierer mit den Händen, und der Feigling fragte wieder auf die gleiche Weise. Daraufhin wollte der Tätowierer mit dem Kopf beginnen und sowie er dies ankündigte, brachte der bloße Gedanke an Lord *Narasimhas* Kopf den Feigling heftig zum Zittern. Er sprang auf, lief davon und rief dabei laut: „Lord *Narasimha* hat an mir Gefallen gefunden. Er hat auf meinem Rücken Platz genommen. Schaut ihr Menschen. Seht, was für ein großer Anhänger ich bin." Die Menschen sahen auf seinem Rücken einige ungeschickte Schrammen der Tätowierungsansätze. Sie spotteten über den Feigling und bemitleideten ihn ob seiner Torheit und Unwissenheit.

Die Welt ist voll von Pseudo-*Jnanins* (Weisen), Pseudo-*Vedantins* (Philosophen), Pseudo-*Yogins* (Yogatreibenden). Sie sind im Grunde genommen Feiglinge, wollen sich jedoch als große Yogins und Bhaktas (Gottesverehrer) ausgeben. Sie besitzen nicht die Willenskraft und Ausdauer, sich einem Guru zu unterstellen und geduldig das zu lernen, was er sie lehrt. Sie können sich nicht den Hindernissen auf dem spirituellen Weg stellen. Sie greifen ein paar Worte des Lehrers auf und spielen sich dann in der Öffentlichkeit als Prediger und Selbstverwirklichte auf.

Gib dich mit ganzem Herzen einem Guru hin. Er wird deinem Geist ein vollständiges Bild Gottes einprägen. Auch ohne daß du es zur Schau stellst, wird die Öffentlichkeit um den Wert des Bildes wissen. Sei dir darüber im klaren, daß du dich Hindernissen stellen und sie überwinden mußt.

Sei kühn. Sei mutig. Sei geduldig. Sei ernsthaft.

Gleichnis vom Brahmanishtha und seinem Schüler

Vor einiger Zeit lebte ein *Brahmanishtha Guru* (ein im Wissen um Brahman, das Absolute, fest verankerter Weisheitslehrer). Er ging völlig darin auf, sein intuitives Wissen und seine Erfahrungen mit allen erdenklichen Mitteln weiterzugeben, indem er z.B. Reden hielt, Bücher schrieb, Menschen persönlich beriet usw. Einen seiner Schüler hatte er angewiesen, Notizen seiner Reden und Gespräche zu machen und daraus Bücher zusammenzustellen. Im Laufe der Zeit wurde der Schüler zu einer sich ständig wiederholenden Langspielplatte des Lehrers, da er immer wieder die gleichen Worte und Aussagen des Guru niederschrieb. Dabei wurde er allmählich eitel und stolz. Das ging schließlich so weit, daß er sagte: „Was weiß der Guru mehr? Ich erinnere mich an alles. Ich kann alle Schriften zitieren. Ich bin ein voll entwickelter *Jnani* (Weiser)."

Nun verlor ein anderer Schüler ein Familienmitglied durch Tod. Der Guru wählte den anmaßenden Schüler aus, der Familie das Beileid auszusprechen. Der Schüler ging gehorsam zu der Familie und hielt mit aufrichtigem Ernst eine *vedantische* Ansprache. Trotzdem schien diese gute Absicht das Gegenteil zu bewirken. Die Anwesenden zeigten weiterhin traurige Gesichter. Zur Überraschung aller erschien plötzlich der Guru persönlich. Seine bloße Gegenwart machte alle heiter und glücklich und ließ sie den Verlust des Familienmitglieds vergessen. Der Guru sprach nur ein paar Worte und schon fühlten sich alle erhoben und wie verwandelt.

In der *Kenopanishad* (eine der Upanishaden) heißt es: „Der Kenner des Geistes denkt nicht mit dem Geist[4].

---

[4]. D.h., der Beobachter des Geistes. Das wahre Ich, das sich weder mit dem Körper noch mit dem Geist identifiziert, bezieht sein Wissen nicht aus Schriften, sondern aus höherer Intuition.

Rein intellektuell und theoretisch orientierte Philosophen nutzen der Menschheit nicht wirklich. Ihre Worte werden gehört, finden jedoch kein Echo bei den Zuhörern.

Kann der Mond behaupten, er leuchte kraft seines eigenen Lichtes, er helfe dir mit seinem eigenen Licht, sein Licht sei stärker als das der Sonne? Sowie die Sonne aufgeht, offenbart sich die Wahrheit über das Licht des Mondes.

So ist es auch, wenn Wissen und Verständnis in einem offenen Herzen aufkeimen dank der Gegenwart eines Menschen mit intuitiver Erfahrung und direktem Wissen. Welchen Nutzen hätte da noch das rationale Wissen des Gehirns?

Weise, Heilige und Selbstverwirklichte leben, um die ganze Menschheit zu erleuchten. Selbst wenn sie sich ruhig verhalten, transformieren sie durch ihre bloße Gegenwart die Menschheit. Der trockene Intellekt hingegen vermag nicht einmal einen einzelnen zu erleuchten.

Gleichnis vom wohlgefälligen Jüngling und dem schönen Mädchen

Einst lebte ein schöner Jüngling, der sprichwörtlich zu allen gut war. Er tat niemals etwas, was dem Wohl der Menschheit und dem Guten abträglich gewesen wäre. Eines Tages unternahm er eine Reise. Unterwegs traf er ein wunderschönes Mädchen, in das er sich sofort verliebte. Das Mädchen schien nichts dagegen zu haben. Ohne weiter zu überlegen, kehrte der junge Mann mit dem Mädchen nach Hause zurück und die Hochzeitsvorbereitungen begannen. Kurz vor dem Hochzeitstag erriet der junge Mann aus dem Verhalten des Mädchens, daß es eigentlich einen anderen liebte. Ohne zu zögern sorgte er dafür, daß die beiden heirateten. Ein Jahr verging. Das Mädchen fing an, die Güte des Jünglings zu vergessen. Da ließ er ihr mit Hilfe eines Magiers eine Droge in Form einer Süßigkeit geben, welche bewirkte, daß sie Abneigung gegenüber ihrem Mann entwickelte. Schließlich verließ sie ihn und kehrte zu dem Jüngling zurück. Von da an lebten sie glücklich bis an ihr Lebensende.

Gott und Guru sind dasselbe. Sie sind vergleichbar mit dem wohlgefälligen Jüngling. All ihre Taten dienen immer dem Wohl des einzelnen und des Universums. Der Jüngling entspricht in der Geschichte Gott oder dem Lehrer, der den Schüler in der Welt auswählt. Die Liebe des Mädchens zu einem anderen Mann ist wie die anfängliche Liebe des Schülers zu weltlichen Dingen. Gott und der Guru lassen sie bis zu einem bestimmten Grad zu. Beginnt der Schüler jedoch, Gott oder den Lehrer zu vergessen, wenden sie mittels ihrer geheimnisvollen spirituellen Kraft (vergleichbar mit der Droge des Magiers) den Geist des einzelnen von den weltlichen Objekten ab und ziehen ihn wieder zu sich hin, zum Wohl des Menschen.

Gleichnis vom köstlichen Festmahl

Ein selbstverwirklichter Meister lebte mit einem engen Schüler zusammen. Der Schüler studierte und verstand die Schriften in der richtigen Art und Weise und diente seinem Lehrer unermüdlich. Seine Nähe zum Guru ließ in dem Schüler den Gedanken aufkommen, er sei der einzige geliebte Schüler des Gurus. Ferner glaubte er, die anderen Schüler, die den Meister nur gelegentlich besuchten, seien ihm nicht wirklich treu ergeben. All das stärkte sein Ego erheblich.

Eines Abends im Winter kehrte der Schüler spät zur Kutir (Haus, Hütte) zurück, nachdem er einige Arbeiten außerhalb erledigt hatte. Drinnen hörte er die Stimme eines anderen Schülers, eines gelegentlichen Besuchers. Er klopfte. Der Guru fragte: „Wer ist da?" Der Schüler antwortete wie gewöhnlich: „Ich bin es, bitte öffne die Tür." Der Guru antwortete: „Ich genieße gerade ein köstliches Festmahl. Bei diesem Fest gibt es keinen Platz für eine weitere Person."

Der Schüler mißverstand den Guru. Er fühlte sich vor einem Mitschüler herabgesetzt und beleidigt, der nur gelegentlich vorbeikam und sich nicht um praktische Arbeiten kümmerte. Verärgert und beleidigt ging er weg und wanderte ziellos umher.

Wie die Tage so vergingen, wurden sein Herz, Verstand und Ego vollständig verbrannt im Feuer des Trennungsschmerzes von seinem Guru. Sein ganzes Wesen wurde gekocht über dem Feuer des Gefühls der Verlassenheit und des Getrenntseins. Er wurde fast verrückt vor lauter Liebe und Hingabe zu seinem Lehrer (*Guru Bhakti*). Eines Tages eilte er zur *Kutir* (Haus) des Lehrers zurück, klopfte laut an die Tür und rief mit einer Stimme voller Liebe: „*Gurudev, Gurudev*". Der Klang seiner Stimme übertönte die übliche förmliche Frage des Guru: „Wer ist da?" In seinen

Gedanken war nur noch Platz für den Guru. Er war blind und taub für alles außer dem Guru - weder er selbst noch das Universum existierten für ihn.

Der Guru kannte die Stimme seines Schülers gut. Er konnte nicht länger warten, eilte hinaus, umarmte den Schüler liebevoll und sagte: „Ich genieße gerade ein wohlschmeckendes Festmahl. Es gibt keinen Platz für einen Zweiten bei meinem Fest."

Gott ist allgegenwärtig und nicht dualistisch. Es gibt keinen Raum neben Ihm, wo ein Zweiter getrennt von ihm existieren könnte. Es gibt keinen Platz für das kleine Selbst des Menschen in diesem riesigen Universum. Solange das kleine Ego sich aufplustert, wirst du in Dunkelheit wandern und all diese Leiden erfahren, wie der stolze Schüler. In diesem Zustand können weder Frömmigkeit noch Besuche von Tempeln und Pilgerorten noch Askesepraktiken dich zum Geliebten Gottes machen.

Du brauchst Liebe zu Gott allein um seinetwillen, ohne irgendwelche anderen Gedanken oder Gefühle (*Ananya Bhakti*). Dienst an Gott mit dem Gedanken: „Ich diene Gott" ist nicht diese vorbehaltlose Liebe.

Erst wenn dein Ego verzehrt ist vom Feuer des Gefühls der Trennung (*Viraha*), wenn dein Herz und Geist in diesem Feuer gar gekocht worden sind, wenn deine Liebe zu Gott über dem Feuer der Trennung köstlich und schmackhaft für Ihn geworden ist, wenn in diesem Stadium weder du noch dieses Universum für dich existieren, sondern nur Er allein dein Herz und deinen Geist erfüllt, dann, und nur dann, wirst du zum Geliebten Gottes. Dann wird Er dir entgegeneilen und dich umarmen. Dann werdet ihr gemeinsam ein wohlschmeckendes Festmahl genießen, bei dem kein Platz für etwas Zweites, etwas Getrenntes, ist.

Töte das kleine Selbst und sage: „Oh Gott! All dies bist nur Du allein."

Gleichnis vom argwöhnischen Mann, der ertrank

Zwei Männer standen auf einem Felsen im Ozean, weit draußen vor der Küste. Es wurde dunkel. Wolken zogen sich am Himmel zusammen. Man konnte die Küste kaum noch sehen. Wellen peitschten gegen den Felsen. Das Meer wurde stürmisch. Ein Mann tauchte in der Dunkelheit auf. „Kommt mit mir, ich werde euch zur Küste bringen", sagte er. Der eine, weise Mann folgte ihm bereitwillig. Der andere fragte: „Wie willst du uns über das Wasser bringen?" „Ich habe ein Boot", sagte der Mann. „Ich komme mit dir", sagte der erste. „Ich nicht", sagte der andere. „Angenommen, das Boot ist leck oder der Mann ist ein Bandit?" Der weise Mann steigt in das Boot und erreicht unter der Führung des Bootsmanns sicher die Küste. Der Törichte wird bald von den steigenden Wellen des Ozeans verschlungen.

Das Einzelwesen, die individuelle Seele (*Jiva*) treibt lange im Ozean des *Samsara* (Kreislauf von Geburt und Tod). Nach anstrengendem Ringen erhält das Individuum den Segen der menschlichen Geburt. Das andere Ufer der Sicherheit ist aber noch nicht erreicht. Die Zeit verfliegt. Der Lebensabend bricht an. Das Augenlicht geht verloren. Das Auge der Weisheit ist geblendet von den geballten Wolken des Materialismus und der Disharmonie. Verwirrt, mit einem Gebet auf den Lippen, steht der Mensch auf dem Felsen seines individuellen Lebens.

Der *Guru* (Lehrer) kommt zu ihm mit dem Boot des Namens Gottes und des *Bhakti* (Gottesverehrung). Er fordert den Menschen auf, ihm zu folgen, in das Boot zu steigen und so sicher das Festland zu erreichen. Der Weise folgt bereitwillig. Der Törichte jedoch hat tausend Zweifel und eine Million Befürchtungen. Er stellt die Vertrauenswürdigkeit und Motivation des Guru sowie den Wert der Hingabe an Gott in Frage. Sehr bald wird er einmal mehr vom riesigen Ozean der Wiedergeburten verschlungen und versinkt darin. Er hat die großartigste Gelegenheit vertan, sich zu retten, die Gott ihm geschenkt hat.

3. Kapitel: Die Herrlichkeit des Guru

Gleichnis von dem Mann, der im Luxus lebte

Er war sehr reich und führte ein ausgesprochen luxuriöses Leben. Er aß köstliche Gerichte und warf alles weg, was nicht seinem verfeinerten Geschmack entsprach. Das trug ihm schließlich eine heftige Ruhr ein. Der Arzt verschrieb ihm eine sehr bittere Medizin. „Wenn du das nicht einnimmst, wirst du sterben", sagte er. Ohne Widerrede schluckte der Mann die Tabletten und wurde wieder gesund. Ein für allemal gab er das luxuriöse Leben auf und wurde nie mehr krank.

In der Blüte der Jugend hat der Mensch einen Energieüberschuß und führt ein sinnliches Leben. Er ist nur an das Beste gewöhnt und spottet über Dinge wie Entsagung, Selbstaufopferung, Selbstverleugnung etc. Er ist an nichts interessiert, was ihm nicht ein Maximum an sinnlichem Vergnügen bringt.

Im Laufe der Zeit erschöpft sich seine physische Energie. Der Guru kommt zu ihm und macht ihm klar, daß er an der tödlichsten aller Krankheiten, der Krankheit von Geburt und Tod, leidet. Er verordnet ihm die bitteren Pillen der Entsagung, der Zurückhaltung und Selbstbeschränkung. Da dies der einzige Weg ist, der Krankheit von Geburt und Tod zu entgehen, nimmt der Mann die Medizin und beschließt, niemals mehr zu seiner alten Lebensweise in Überfluß, Gottlosigkeit und Achtlosigkeit zurückzukehren.

Parabeln

Gleichnis vom Tuberkulosekranken

Ein Mann litt an Tuberkulose. Der Arzt war der Meinung, daß die Krankheit lebenslang nicht geheilt werden könne. Das wollte er dem Patienten aber so nicht sagen. Statt dessen sagte er ermutigend: „Bruder, du kannst vollständig gesund werden. Jedoch mußt du dir bewußt sein, daß diese Krankheit sehr ernst ist. Sie kann nicht allein mit Medizin geheilt werden, sondern du mußt auch strikte Ernährungseinschränkungen einhalten. Dann kannst du ganz leicht von der Krankheit befreit werden". Der Patient versicherte dem Arzt, daß er sich genau an die Diät halten werde. Der Arzt verabreichte ihm daraufhin die Medizin, die jedoch nur als Vorwand diente, um dem Patienten die gesunden Ernährungsregeln nahezubringen. Der Patient nahm die Medizin ein und beachtete eine ganze Weile lang die Ernährungsregeln. Die Krankheit verschlimmerte sich nicht. Erfreut und motiviert setzte er die Behandlung fort. Die Krankheit verschwand nicht gänzlich, aber sie verursachte auch keine weiteren Probleme. Die Krankheit war latent vorhanden, ohne auszubrechen. Sie starb mit dem natürlichen Tod des Mannes.

Ähnlich ist es, wenn ein Suchender sich einem spirituellen Lehrer nähert. Er erzählt ihm seine Geschichte, die schlechten Taten, die negativen *Samskaras* (Eindrücke im Geist), die er mit sich herumträgt. Der Lehrer weiß, all dies kommt von der schlimmsten aller Krankheiten, der Ignoranz (*Mula-Ajnana*, das grundlegende Nichtwissen). Sie kann nur geheilt werden, wenn die Identifikation mit der Körperlichkeit verschwindet. Dennoch weiht der Guru den Aspiranten in ein *Mantra* ein, und sagt: „Das ist eine sehr gute Medizin. Sie kann jedoch nur dann wirklich etwas nützen, wenn du dich gleichzeitig an *Ahimsa* (Nichtverletzen), *Satya* (Wahrhaftigkeit) und *Brahmacharya* (Enthaltsamkeit, Selbstdisziplin) hältst, wenn du morgens früh aufstehst und meditierst und wenn du regelmäßig in deiner spirituellen Praxis bist. Du mußt selbstlos dienen, hingegeben sein an Gott und meditieren. Dann wirst du von dieser inneren Krankheit geheilt." Der Aspirant nimmt das Mantra an und praktiziert *Sadhana* (spirituelle Übung). Bald stellt er fest, daß er leichten Herzens ist, einen klaren Verstand und feinsinnigen Intellekt bekommt. Sein Gewissen ist rein. Ermutigt von diesen ersten heilsamen Zeichen, fährt er mit beidem fort, mit der *Mantra*-Wiederholung (*Japa*) und der spirituellen Übung. Die schlechten Gedanken sterben von selbst ab, da sie keine Möglichkeiten haben, sich zu manifestieren. Wenn er durch Gottes Gnade spirituelle Erleuchtung erlangt, stirbt mit dem Körper auch seine Unwissenheit und er wird geheilt von der Krankheit von Geburt und Tod.

Gleichnis vom getäuschten Pilger

Tausende von Menschen kamen in Rishikesh an und wollten ein Bad im heiligen Fluß Ganges nehmen. Ein Mann aber kaufte am Bahnhof einen Fahrschein nach Madras. Erstaunt darüber, daß er Rishikesh an einem so besonderen Tag verlassen wollte, ohne die Gelegenheit für ein Bad im Ganges zu nutzen, fragte ein Pilger ihn: „Bruder, du bist an solch einem heiligen Tag in Rishikesh und nimmst kein Bad im Ganges? Kannst du deinen Besuch im Süden nicht verschieben?" Der Mann antwortete: „Mein Freund, was soll da Besonderes im Ganges sein? Ich habe jahrelang jeden Tag ein Bad im Ganges genommen. Ich habe gehört, daß man großen Verdienst erwirbt, wenn man im Tamraparni Fluß im Süden des Landes badet. Deshalb gehe ich dorthin." Die Leute lachten über diese Torheit.

Menschen, die lange bei einem großen Heiligen leben, lassen oft ihre Hingabe schwinden. Während Millionen Menschen aus aller Welt zu dem Weisen kommen, um ihn zu sehen (Darshan), meinen die Schüler, die ihm nahe sind, eine Pilgerreise oder eine bestimmte spirituelle Übung, die es mit sich bringt, daß sie den Meister verlassen müssen, würde sie der Befreiung näherbringen. Das ist sehr schade. Es ist besser, sich einem Heiligen nicht zu vertraut zu fühlen und dafür die Flamme der Hingabe im eigenen Inneren lebendig zu halten.

3. Kapitel: Die Herrlichkeit des Guru

Gleichnis von den Schafen und dem Wolf

Ein Mann hütete eine große Schafherde. Er setzte sich auf einen kleinen Erdhügel und vertrieb alle Wölfe, die versuchten, sich der Herde zu nähern. Der Abend brach an. Der Mann dachte bei sich: „Während des Tages kam ich sehr gut mit den Wölfen zurecht. Nicht einer konnte sich der Herde nähern. So wird auch in der Nacht nichts geschehen. Die Wölfe werden vielleicht gar nicht kommen." Es wurde Nacht. Wann immer Wölfe in der Nähe der Herde heulten, schrie der Mann laut und glaubte, die Wölfe ließen sich dadurch fernhalten. Statt dessen rissen sie aber die ganze Nacht Schafe. Als die Sonne wieder aufging, entdeckte der Mann, daß mehr als die Hälfte der Schafe den Wölfen zum Opfer gefallen war. Er lernte daraus. Tagsüber sammelte er nun ausreichend Brennmaterial. Als es Nacht wurde, entzündete er eine große Fackel, die den Horizont erhellte. Im lodernden Licht der Fackel sah er, was um ihn herum vor sich ging und konnte so die Wölfe fernhalten.

So ist es auch bei einem spirituellen Schüler (*Sadhaka*). Solange er sich in der lebendigen Gegenwart der Sonne seines spirituellen Lehrers befindet, ist er fähig, die Schafe seiner spirituellen Neigungen zu hüten und sie vor dem Verschlingen durch die Wölfe schlechter Gewohnheiten zu bewahren. Der Schüler meint, nun auch in der Nacht – ohne die Sonne des Guru – gegen Rückfälle und Sünde gewappnet zu sein. Er meint, schlechte Gewohnheiten kämen nicht einmal mehr in seine Nähe! Er wagt sich hinaus. Er verläßt seinen Lehrer und hält sich für einen *Jivanmukta* (lebendig Befreiter). Er hält mitreißende Vorträge über Sünden, lasterhaftes Leben und *Maya* (Täuschung). Aber in der Dunkelheit der Unwissenheit, welche in Abwesenheit des Guru zum Vorschein kommt, verliert der Schüler die meisten seiner Tugenden. Still und heimlich nähern sich ihm die Wölfe alter negativer Gewohnheiten, gegen die er selbst die ganze Zeit predigt. Sie rauben ihm einen großen Teil seiner positiven

Eigenschaften. Wenn er durch die Gnade Gottes nicht selbst von den Wölfen verschlungen wird, kehrt er schließlich zu seinem Guru zurück und muß entdecken, daß er in seiner Abwesenheit vom Guru das meiste seines spirituellen Wohlstandes verloren hat. Nun wird er weiser und sammelt den Brennstoff von *Chatushtaya* (vier Eigenschaften, die nötig sind für einen Schüler auf dem spirituellen Weg: Leidenschaftslosigkeit, Unterscheidungskraft, sechsfache Tugenden, Verlangen nach Befreiung), *Yama* (ethisch-moralische Regeln), *Niyama* (Regeln für den Umgang mit sich selbst, Selbstdisziplin) etc. Er entzündet die Fackel der Unterscheidungskraft. Nun können ihm die Dunkelheit und die Wölfe des Lasters nichts mehr anhaben. Er ist wirklich ein *Yogi* (jemand, der Yoga praktiziert) und *Jivanmukta*. Das Licht des Guru scheint für immer in ihm und durch ihn.

4. Kapitel: Voraussetzungen eines spirituellen Schülers

Gleichnis vom trauernden Vogel

Ein Vogelpärchen hatte ein Nest auf einem Baum gebaut. Sie hatten eine kleine Familie von Jungvögeln. Gewöhnlich flog das Männchen hinaus und suchte Futter, während das Weibchen die Jungen hütete. Eines Tages, als das Männchen ausgeflogen war, kam ein Jäger und zielte auf das Weibchen. Obwohl es dies sah, flog es nicht davon, um die Jungen zu schützen. Der Jäger tötete das Weibchen mit einem Pfeil. In diesem Augenblick kehrte das Männchen zurück, fand das tote Weibchen in den Händen des Jägers und begann, zusammen mit den Jungen zu weinen und zu wehklagen. Hätte er statt dessen von seinen Flügeln Gebrauch gemacht, wäre er lebend davongekommen. So aber saß er trauernd da und der Jäger tötete auch ihn mit einem weiteren Pfeil. Nun brauchte der Jäger nur noch auf den Baum zu klettern und die Jungen einzusammeln. Die ganze Vogelfamilie kam um, ohne daß einer von ihnen einen Versuch gemacht hätte, sich zu retten.

So ist es oft bei den Menschen. Die Eltern hängen sehr an ihren Kindern und Enkelkindern und nehmen keine Notiz vom sich nähernden Tod. Noch während sie dem Tod direkt gegenüberstehen und er sie unweigerlich davonträgt, klammern sie sich an ihre Kinder. Das heißt nicht, daß man seine Familie nicht lieben soll. Aber wenn jemand Geliebtes stirbt, dann ist das ein Signal für die hinterbliebene Person, Zuflucht zu nehmen zu den Schwingen von *Viveka* (Unterscheidungskraft) und *Vairagya* (Leidenschaftslosigkeit) und davonzufliegen ins Reich der Unsterblichkeit, indem man strikte spirituelle Praktiken übt. Statt dessen wehklagen die Hinterbliebenen über den Verlust und haften mehr und mehr am Rest der Familie. Der Jäger Tod bekommt ganz leicht das nächste Opfer. So betreten die Menschen einer nach dem anderen das Haus Yamas, des Totengottes, ohne den geringsten Widerstand zu leisten. Obwohl sie wissen, daß der Tod unausweichlich ist, sitzen sie müßig da und laden ihn ein, statt Schritte zu unternehmen, um ihn zu überwinden. Oh Mensch, du hast die Schwingen von *Viveka* und *Vairagya*; nutze sie und fliege davon, bevor der Jäger dich mitnimmt.

Gleichnis vom aufdringlichen Kundenwerber

Ein Mann hatte sehr viel Grog getrunken. Zur Tarnung ging er anschließend in eine Milchbar, wo er Süßigkeiten aß und Pan (Betelblätter) kaute. Anschließend pries er draußen in höchsten Tönen die Qualität der Milch, die hier verkauft wurde: „Ich habe hier gerade eine Tasse Milch getrunken. Schaut, wie sehr sie mich erfrischt hat und mir Kraft und Energie gibt. Geht hinein und probiert die Milch!"

Trotz der Betelblätter roch der Mann nach Grog. Seine Bewegungen waren fahrig und verrieten seinen betrunkenen Zustand. Die Menschen vor dem Geschäft konnten leicht sehen, daß er nicht Milch, sondern Alkohol getrunken hatte und daß seine Lobrede auf die Milch kein selbstloser Rat war. Er versuchte im Gegenteil, sie in das Geschäft zu locken, um für seine Kundenwerbung Geld vom Ladenbesitzer zu bekommen und so seine Trinksucht zu unterstützen. Der Mann ist wie ein religiöser Heuchler, der Spiritualität predigt, um Geld zur Befriedigung seiner Wünsche zu verdienen. Solche Menschen handeln mit dem religiösen Glauben der Bevölkerung. Sie bereiten alles gut vor: Sie begeben sich eine Weile lang an einen spirituellen Zufluchtsort, so wie der Trinker in das Milchgeschäft ging. Sie geben sich äußerlich den Anschein der Spiritualität, um ihre niedere Natur zu verbergen, so wie der Trinker Pan kaute. Dann fangen sie an zu lehren und zu predigen, stellen sich selbst als vollständig verwirklichte Heilige dar und sprechen über die himmlische Wonne, die sie genießen. Sie sprechen eindrücklich, aber ihre Haltung und ihre Taten lassen die Menschen ihre niedere Natur und ihre Süchte erkennen. Diese falschen Prediger werden überall verurteilt und gemieden.

Deine Handlungen verraten deine Gedanken. Du kannst dich nicht als etwas ausgeben, was du nicht bist. Arbeite an dir. Werde zu einem wirklichen spirituellen Helden und nicht zu einem Heuchler.

Gleichnis vom Gärtner und dem Schäfer

Ein Gärtner trug einen Blumentopf mit einer wunderschönen grünen Pflanze, mit der er sich große Mühe gegeben hatte, auf dem Kopf. Er ging damit zum Haus seines Meisters. Unterwegs traf er seinen Freund, einen Schäfer, der ein Schaf auf den Schultern trug. Die beiden hatten sich schon längere Zeit nicht mehr gesehen. Sie begrüßten sich lächelnd und unterhielten sich eine Weile. Als sie ihre Neuigkeiten ausgetauscht hatten, ging jeder wieder seiner Wege. Der Gärtner wollte noch einen Blick auf die Pflanze werfen, bevor er das Haus seines Meisters betrat. Er setzte den Topf ab. Zu seinem Entsetzen stellte er fest, daß kein einziges Blatt mehr da war, sondern nur noch der nackte Stamm. Das Schaf, das der Freund auf den Schultern getragen hatte, hatte während ihrer Unterhaltung alle Blätter aufgefressen. Wie konnte er nun noch zu seinem Meister kommen?

Ein spiritueller Aspirant kultiviert göttliche Tugenden im Garten seines Herzens. Schon für eine einzige Tugend muß er hart kämpfen und sich sehr anstrengen. Die Tugend ist für ihn der Passierschein, um das Haus seines Meisters, das Königreich Gottes, zu betreten. Er trägt den Topf seiner Tugenden, während er sich zum Königreich Gottes aufmacht. Aber im Verlauf der Reise trifft er einen „Freund", der den Vernichter guter Eigenschaften, nämlich das Laster, mit sich trägt. Der Kontakt mit diesem Freund scheint zunächst unterhaltsam zu sein. Aber dies ist eine kostspielige Freundschaft. Sehr bald entdeckt er, daß die Gesellschaft mit diesem „Freund" ihn seiner positiven Eigenschaften beraubt. Er hat seinen Passierschein zum Königreich Gottes verloren. Er muß in die Welt des Leidens und des Todes zurückkehren, traurig und enttäuscht.

Hüte dich vor falscher Gesellschaft. Suche die Gesellschaft von Weisen und Heiligen (*Satsang*). Du wirst spirituell erhöht werden.

Gleichnis von der Opfergabe

Ein Mann hatte davon gehört, wie wirksam die Verehrung einer aus Rohzucker (*Jaggery*) bestehenden Statue von *Vinayaka* (Name für Ganesha) sei. Er kaufte sich eine entsprechende Statue und begann, täglich eine *Puja* (Verehrungsritual) auszuführen. Da er sehr geizig war, wollte er nicht viel Geld für die *Puja* ausgeben. Als es nun um die rituelle Darbringung von Nahrung (*Naivedya*) ging, wußte der Geizhals nicht, was er tun sollte. Er hatte keine Opfergaben mitgebracht und wollte auch keine kaufen. Er stellte fest, daß der Bauch des Idols gut ausgeprägt war (*Vinayaka* wird immer mit einem dicken Bauch dargestellt). „Das wird für das *Naivedya* ausreichen," dachte er. Mit einem Messer schnitt er ein kleines Stück von *Vinayakas* Bauch heraus, legte es auf einen Teller und brachte es dem Abbild als Opfergabe dar. In der Folge verarmte er so sehr, daß er sich von seinem eigenen Fleisch ernähren mußte und eines elenden Todes starb.

Manche Menschen nähern sich Heiligen und Weisen mit unlauteren Absichten. Sie haben gehört, daß die Verehrung von Heiligen ihnen Wohlstand und Ruhm schenkt. Sie nähern sich den Heiligen mit süßen Worten. Sie sind Geizhälse und würden nicht einmal einen Pfennig für wohltätige Zwecke geben. Sie gehen vielmehr so weit, daß sie Blumen und Früchte aus dem Garten der Heiligen selbst pflücken und sie ihnen dann als Geschenk überreichen! Sie werden letztlich ihr bißchen Wohlstand und Intelligenz einbüßen und in Unwissenheit und Verblendung versinken.

Parabeln

Gleichnis vom geduldigen armen Mann

Ein reicher alter Adliger lebte in einem großen Palast. In der Nähe hauste ein Armer in einer verfallenen Hütte. Er ernährte sich von den Essensresten, die andere wegwarfen. Dabei war er jedoch immer heiter und beklagte sich nie über sein Schicksal.

Dann geschah es, daß der arme Mann eine ganze Weile nichts zu essen hatte. Darum ging er zu dem reichen Adligen, um ihn um Hilfe zu bitten. Dieser empfing ihn freundlich und fragte nach dem Grund seines Kommens. Der arme Mann antwortete, er habe seit Tagen nichts mehr zu essen und wäre froh, wenn er etwas zu essen bekommen könnte. „Ist das alles," sagte der Adlige. „Komm, setz' dich!" Dann rief er: „Diener! Ein sehr wichtiger Gast ist gekommen, um mit mir zu speisen. Sagt dem Küchenchef, er soll sofort das Abendessen zubereiten, und bringt Wasser, damit wir die Hände waschen können." Der arme Mann war überrascht. Er hatte davon gehört, daß der Adlige sehr freundlich war, jedoch hatte er nicht mit einem so herzlichen Empfang gerechnet. Er war voll des Lobes für seinen Gastgeber. Dieser unterbrach ihn jedoch sofort: „Bitte sage nichts, mein Freund. Komm, setzen wir uns zum Essen." Und der alte Adlige begann, seine Hände zu reiben, so als ob Wasser über sie gegossen würde, und er fragte den armen Mann, ob er nicht auch seine Hände waschen wolle.

Der Gast sah weder einen Diener oder Wasser, beschloß aber, zu tun, wie ihm gesagt wurde. Und so tat er ebenfalls so, als wüsche er sich die Hände. „Nun wollen wir essen," sagte der Adlige und begann, verschiedene köstliche Gerichte zu bestellen. Obwohl keine einzige Speise zu sehen war und auch kein Diener, um sie aufzutragen, fuhr er fort: „Genieße dieses köstliche Festmahl, mein Freund. Du mußt all diese leckeren Gerichte aufessen." Und er gab vor, von irgendwelchen imaginären Tellern zu essen.

Der Arme war vor lauter Hunger geschwächt, doch verlor er nicht seinen Humor. Er ließ sich nicht von der Verzweiflung überwältigen und gab ebenfalls vor, von dem leeren Tisch zu essen. Der Adlige sagte daraufhin: „Was für eine köstliche Suppe! Das Curry ist wunderbar, nicht wahr, mein Freund?" Der arme Mann antwortete zustimmend: „Sicher, gewiß!" „Warum nimmst du nicht noch etwas mehr davon?" Daraufhin begann der Adlige, ihm imaginäres Curry aufzutischen. So ging es eine ganze Weile mit unterschiedlichen Fantasiegerichten weiter.

Obwohl er verzweifelt hungrig war, dankte der arme Mann seinem Gastgeber überschwänglich und sagte, er habe noch nie im Leben solch ein herrliches Festmahl genossen. Er behielt sein heiteres Gesicht bei, ohne das geringste Befremden oder Bedauern zu zeigen.

Der Adlige war ein großzügiger, wohltätiger Mensch. Er wollte prüfen, ob der arme Mann seiner Verzweiflung nachgeben würde. Er hatte von dessen Ruf gehört, niemals die Geduld zu verlieren. Er dachte, ein so zufriedener, heiterer Mensch sollte weder Hunger noch Armut erleiden. Aber er hatte seine Zweifel. Deshalb wollte er ihn zuerst prüfen.

Nun klatschte der Adlige in die Hände und ein Gefolge von Dienern kam herein, die all die köstlichen Gerichte brachten, die er vorhin aufgezählt hatte. Ein kunstvoll angerichtetes Festmahl wurde aufgetischt. Der arme Mann mußte nun nichts mehr vortäuschen, sondern genoß das Essen von ganzem Herzen.

Nachdem sie ihr Mahl beendet hatten, sagte der Adlige: „Mein Freund, du bist ein Mensch mit unendlicher Geduld. Du weißt aus allem das Beste zu machen und trägst Unglück mit Heiterkeit. Du bist der Richtige, um eines meiner Gehöfte zu verwalten. Du sollst künftig bei mir leben."

Diese Geschichte birgt zwei Lektionen in sich:

Erstens, der Arme bat den Reichen nicht um großzügige Wohltätigkeit, um so einige Tage vom Betteln befreit zu sein. Er war nicht gierig und lebte in der Gegenwart. Er brauchte ein wenig Nahrung und bat auch nur darum. Hätte er um Geld gebeten, so hätte er welches bekommen und es in wenigen Tagen ausgegeben. Er fragte jedoch nur nach dem, was er tatsächlich dringend benötigte. Das bereitete den Weg für sein Glück.

Zweitens, als der arme Mann von seinem Gastgeber mit imaginären Gerichten bewirtet wurde, verlor er nicht die Geduld, obwohl er sehr hungrig war. Er klagte nicht über sein Unglück.

Daher ist die Moral der Geschichte, daß man geduldig sein und das Beste aus allem machen sollte. Man muß lernen, Unglück heiter zu tragen, sein Bestes zu geben, zu Gott zu beten und seiner Gnade zu vertrauen. Geduld ist Gold wert. Ohne Geduld wird das Leben ein vollständiger Fehlschlag. Man sollte niemals über sein Unglück klagen. Wie man in den Wald hineinruft, so schallt es zurück. Wehklagen nützt nichts. Man muß lernen, mutig zu sein und sein Schicksal durch eigenes Bemühen zu gestalten.

Ein weiterer wichtiger Punkt ist, daß man sich auf die Stimmung des Menschen einstellen muß, den man um einen Gefallen bittet und von dem man etwas erwartet.

Gier und die Gnade Gottes schließen sich aus. Wo Gier ist, kann es schwerlich Glück geben. Man sollte lernen, in der Gegenwart zu leben und nur um das zu bitten, was man wirklich braucht.

Mit Geduld, Heiterkeit, Zufriedenheit und Liebenswürdigkeit sollte man lernen, das Beste aus den Umständen zu machen, in denen man sich befindet.

Gleichnis vom König und seinem Falken

Ein König hatte einen Falken zum Jagen und Auskundschaften dressiert. Er nahm den Falken immer auf seine Ausflüge mit. Eines Tages ritten der König und seine Jagdgefährten auf dem Nachhauseweg durch ein Tal zwischen Wüstendünen. Der König war sehr durstig. Wie er so durch das Tal ritt, sah er zu seiner großen Freude etwas Wasser an einem Felsen herunter tropfen. Er sprang aus dem Sattel und hielt seinen silbernen Becher unter das Rinnsal, um etwas Wasser aufzufangen. In der Zwischenzeit schwang sich der Falke in die Lüfte und kreiste über den Dünen.

Als der Becher voll war, wollte der König das kristallklare Wasser trinken. Doch ehe er so weit war, stieß der Falke plötzlich von oben herab und schlug mit seinen Flügeln heftig gegen den Becher, so daß das Wasser verschüttet wurde.

Der König blickte nach oben und sah seinen Falken auf der Spitze des Felsens landen, von wo das Wasser hinunter tropfte. Er hob den Becher auf und hielt ihn wieder unter den tröpfelnden Wasserstrahl. Es dauerte eine ganze Weile, bis der Becher wieder voll war. Gerade, als der König trinken wollte, stürzte der Falke wieder von oben herab und schlug ihm den Becher aus der Hand.

Der König wurde sehr ärgerlich. Noch einmal sammelte er mit großer Geduld das Wasser und zum dritten Mal hinderte ihn der Falke daran, zu trinken. Wütend zog der König sein Schwert und drohte dem Falken: „Das ist das letzte Mal. Wenn du mich noch einmal vom Trinken abhältst, bezahlst du mit deinem Leben!" Er sammelte geduldig nochmals das Wasser, und diesmal wachte er mit seinem Schwert, als er den Becher anhob, um das Wasser zu trinken. Der Falke stürzte wieder nach unten und verschüttete das Wasser. Gleichzeitig schlug ihm der König mit einem schnellen Schwerthieb den Kopf ab.

„Nun hast du deine Lektion!" brummte er. Als er nach seinem Becher sah, entdeckte er, daß dieser in eine Spalte gefallen war, wo er nicht mehr zu erreichen war. Darum kletterte er auf den Felsen, um an der Quelle des tropfenden Wassers zu trinken. Oben fand er einen Teich, in dem eine tote Giftschlange lag. Der König war wie betäubt. Vergessen war sein Durst. Er dachte nur noch an seine voreilige Tat, mit der er den treuen Falken, der ihm das Leben gerettet hatte, getötet hatte. Der König lernte als bittere Lektion, niemals mehr etwas voreilig zu tun.

Voreiligkeit ist die Mutter des Kummers. Entwickle Unterscheidungskraft. Denke gut nach und handle erst dann. Schau, bevor du springst.

Gleichnis vom König und dem Astrologen

Ein König zeigte einem Astrologen sein Horoskop und fragte ihn nach seiner Zukunft. Der Astrologe studierte die Planetenkonstellationen und die Schriften (Shastras). Dann verkündete er seine Schlußfolgerung: „Oh König, all deine Verwandten werden vor dir sterben und du wirst ihre Begräbnisse eigenhändig ausführen." Der König fühlte sich mit seinen Verwandten sehr verbunden und wollte ein solches Urteil nicht tolerieren. Umgehend befahl er, den armen Astrologe lebenslänglich einzusperren.

Dann sandte der König nach einem anderen Astrologen. Dieser fand die Ausführungen seines Kollegen absolut korrekt, vermittelte die gleiche Aussage jedoch taktvoll auf eine andere Weise: „Oh großer König, du wirst ein langes Leben genießen. Du wirst länger leben als all deine Verwandten." Dies beinhaltete auch, daß alle seine Verwandten vor ihm sterben würden. Dennoch war der König hocherfreut und beschenkte den Astrologen reich.

Darum heißt es, auch wenn man die Wahrheit sagt, soll man dies auf eine angenehme Art und Weise tun. Selbst die Wahrheit sollte nicht so vermittelt werden, daß sie die Gefühle anderer verletzt. Wenn man etwas auf eine verletzende Art und Weise sagt, ist es, als hätte man die Unwahrheit gesagt. Deine Sprache sollte wahrheitsgemäß, angenehm und wohltuend sein.

Gleichnis vom bärtigen Mann und dem Haferschleim

Eines Tages wurde einem Mann mit einem langen Bart und einem Schnurrbart ein Glas Haferschleim angeboten. Als der Mann den Haferschleim essen wollte, blieb er im Bart und im Schnurrbart hängen. Nun mochte der Mann sowohl den Haferschleim als auch seinen Bart und Schnurrbart, die er sorgfältig und liebevoll pflegte. Um nun den Haferschleim zu trinken, ohne ihn in den Bart zu verschütten, hielt er das Glas in einiger Entfernung vom Mund, mit dem Resultat, daß der gesamte Haferschleim auf dem Boden landete.

Der bärtige Mann ist wie ein unreifer Aspirant, der sein Äußeres unter großem Zeitaufwand ordentlich und schön hält. Der Haferschleim ist der Nektar der Weisheit, den ihm sein spiritueller Lehrer anbietet. In seinem Bemühen, Unbequemlichkeit und Härte fernzuhalten, versucht er, sich der regelmäßigen spirituellen Praxis (Sadhana) zu entziehen. Er meint, auch ohne eigenes Bemühen dauerhaftes Glück im Leben erreichen zu können.

Andererseits will er auch die Anweisungen des Lehrers befolgen, da sie ihm höchstes Glück versprechen. Sie bringen ihm aber keinen Nutzen, da er sie aufgrund seiner Torheit verschwendet. So bringt ihn auch das Zusammensein mit dem Guru nicht weiter. Er muß viel aus der Erfahrung lernen und dann seine Einstellung ändern. Er muß seine Liebe zum Körper und zu körperlicher Bequemlichkeit aufgeben und versuchen, aus der Nähe zum Guru und den Instruktionen, die er von ihm erhält, Nutzen zu ziehen.

Unsterblichkeit ist für den Geist und nicht für das Fleisch. Du kannst ersteres nur erreichen, wenn du letzteres transzendierst.

*Gleichnis von der Erbin,
die einen häßlichen Mann heiratet*

Einst lebte eine wunderschöne junge Erbin mit einem sehr großen Vermögen. Viele junge Männer hielten um ihre Hand an. Aber sie zog einen häßlichen, armen Jüngling vor, der aufgrund seiner Liebe zu ihr bereits völlig durcheinander war. Wenn andere Bewerber sie fragten, warum sie gerade einen Mann gewählt habe, der weder gut aussah noch Wohlstand oder Verstand besaß im Vergleich zu ihnen, antwortete sie: „Ihr könnt euch in keinster Weise mit diesem Mann vergleichen. Ihr besitzt nicht seine Augen, die fähig sind, alle Welten zu sehen." In der Liebe nur nach Äußerem zu urteilen, ist keine wahre Liebe sondern Heuchelei.

Die junge Erbin entspricht in diesem Beispiel Gott, der allen Reichtum besitzt. Der arme häßliche Jüngling ist wie ein frommer Aspirant, für den nichts außer Gott existiert, der alle drei Welten in diesem einen Ziel findet, denn für ihn gibt es nichts anderes. Die anderen Bewerber sind wie Gläubige, die Gott um Geschenke bitten, aber nicht um die Erfahrung Gottes selbst.

In der Liebe nur im Normalbewußtsein zu sein, ist Heuchelei, denn dann liebt man den anderen nicht um seiner selbst willen, unabhängig von äußerer Schönheit und Besitz. Nur in der materiellen Welt bewußt zu sein, bedeutet, das Gemüt, die Psyche, zu vernachlässigen.

Alle Yogawege, sei es *Vedanta* (Philosophie, Yoga des Wissens), *Bhakti* (Hingabe an Gott) oder *Raja Yoga* (Yoga der Gedankenbeherrschung) laufen letztlich auf dasselbe hinaus und haben ein Hauptziel: Du sollst die äußere Welt vergessen, ihr gegenüber blind sein und erkennen, daß alles in Raum und Zeit in der inneren Wirklichkeit in dir zu finden ist. Dann wird das Selbst dir seine Natur offenbaren. Dann wird dich Gott lieben und dich als Seinen größten Anhänger erwählen.

Parabeln

Gleichnis von der Schlange und der Ratte

Eine Kobra war in einem Korb ohne Nahrung gefangen. Um sie vollständig zu bändigen, hatte der Schlangenbeschwörer ihr mehrere Tage nichts zu fressen gegeben. Der Schlangenbeschwörer war gerade ausgegangen. Über dem Korb spielte eine Ratte. Die Kobra sprach die Ratte an: „Oh Ratte, du große Herrscherin! Du bist so freundlich und großartig. Du bist wirklich die Krone der Schöpfung im ganzen Tierreich. Ergieße deine Gnade über mich!" Die Ratte hörte zu und fragte: „Wer spricht da aus dem Korb? Bist du nicht die Kobra, mein größter Feind? Warum schmeichelst du mir so?" „Ich schmeichle dir nicht, du Kaiser aller Kaiser," antwortete die Kobra. „Ich schwöre hiermit, daß ich niemals mehr in meinem Leben eine Ratte auch nur anrühren werde. Darum sei gnädig mit mir." Erfreut über die Demut der Kobra und ihre Lobreden, sagte die Ratte: „Oh Kobra, du hast recht. Nun, da ich außer deiner Reichweite bin, bin ich der Kaiser aller Kaiser. Du bist hübsch gefangen im Korb. Ich bin von deinen Worten angetan. Nun sage mir, was kann ich für dich tun?" Die Kobra antwortete: „Mag meine gespaltene Zunge immer von deiner Herrlichkeit singen, oh große Herrscherin! Ich bitte dich, mache ein kleines Loch oben in den Korb. Das ist ganz einfach für dich. Das ist der einzige Gefallen, um den ich bitte." „Pah!" sagte die stolze Ratte. „Und um so einen kleinen Gefallen bittest du mich so inständig? Das werde ich gleich haben!" Die Ratte machte sich sofort an die Arbeit. Noch bevor das Loch fertig war, sprang die Kobra aus dem Korb und verschlang als erstes die Ratte. Auf dem Weg begegnete sie dem Schlangenbeschwörer. Sie biß ihn so heftig, daß er an ihrem Gift starb.

Der Schlangenbeschwörer ist der spirituelle Schüler. Die Schlange ist der niedere Geist voll unguter Eindrücke (*Samskaras*) und Neigungen (*Vasanas*). Der Korb ist das kleine bißchen Selbstdisziplin *Tapasya* (Askese) und spirituelle Praxis (*Sadhana*), die der Aspirant (*Sadhaka*) ausübt, um die schlechten Gewohnheiten und Geisteseindrücke in Schach zu halten. Die Ratte repräsentiert die paar guten Denk- und Verhaltensgewohnheiten, die im Geist gebildet worden sind. Aber der Geist hängt immer noch an Bequemlichkeit und Sinnesvergnügen. Die Ratte spielt somit eine Doppelrolle.

Mit großer Anstrengung gelingt es dem Schüler, den Geist einzufangen und in den Korb der Selbstdisziplin und spirituellen Übung zu stecken. Die negativen Eindrücke werden ausgehungert, indem man ihnen die Nahrung in Form von Sinnesbefriedigung (*Vishaya-bhoga*) verweigert. Bald glaubt der Schüler, den Geist völlig zu beherrschen und ihn nach seinem Willen arbeiten lassen zu können. Aber sowie er sich entfernt, d. h., wenn seine Wachsamkeit auch nur ein klein wenig nachläßt, nähert sich ihm ein Objekt des weltlichen Vergnügens. Der träge Geist freut sich bereits innerlich. Er versucht, die Freundschaft des Objekts zu gewinnen. Der bereits etwas erhellte Intellekt sagt: „Du böser Geist, du bist mein eingeschworener Feind. Wieso meinst du, daß ich dich aus den Einschränkungen der Selbstkontrolle befreien soll? Soll ich dir etwa wieder erlauben, dich an den Sinnen zu erfreuen?" Doch der Geist ist ebenfalls listig. Er besingt die Vorzüge des Objekts des Genusses, malt sie in göttlichen Farben aus. „Du bist trotz allem keine Versuchung für mich! Wohlstand ist ein Werkzeug, um zu dienen und wohltätig zu sein. Das andere Geschlecht ist lediglich meine göttliche Mutter oder mein göttlicher Vater. Luxus ist nur der Lohn für meinen Körper, der unaufhörlich für das Wohlbefinden der Menschheit arbeitet. Ich habe geschworen, niemals den Sinnen nachzugeben." Doch all dies sind nur heuchlerische Worte!

Der niedere Intellekt schwört, niemals den Sinnen nachzugeben, auch wenn er von den Einschränkungen der Selbstkontrolle befreit wird. Daraufhin gibt man etwas nach und höhlt die Selbstkontrolle etwas aus.

Über diesen Weg kann der teilweise kontrollierte Geist nun hinausfließen zu den Sinnesobjekten. Der niedere Geist verzehrt als erstes genüßlich das kleine bißchen *Viveka* (Unterscheidungskraft), welches im Schüler heraufzudämmern begann. Anschließend stürzt er sich auf die Sinnesobjekte. Die überwundenen Sinne und Wünsche kommen mit doppelter Kraft zurück. Der niedere Geist geht ungestüm voran und tötet den Aspiranten. Der spirituelle Sucher geht unter aufgrund seiner mangelnden Wachsamkeit und der kleinen Lücke, die in seiner spirituellen Praxis und seiner Selbstdisziplin durch den Kontakt des niederen Geistes mit den Sinnesobjekten entstanden ist. Deshalb hüte dich und lasse in deinen Bemühungen nicht eine Sekunde lang nach. Halte dich an deine Entschlüsse. Marschiere auf dein Ziel zu.

Gleichnis von der Frau, die ihre Eheerlebnisse anpreist

Zurückhaltende Menschen sprechen niemals zu Dritten von den süßen Liebesworten ihres Partners oder ihren ehelichen Erlebnissen. Eine törichte Frau war einmal sehr stolz auf die Liebe ihres Mannes. Sie glaubte nun, wenn sie anderen erzählte, wie liebevoll ihr Ehemann war und welche Liebesworte er ihr ins Ohr flüsterte, würden die Menschen sie bewundern und ihr zu ihrem großen Glück gratulieren. So begann sie, öffentlich über ihr Eheleben zu sprechen. Die Leute verlachten und verspotteten sie und ihre Verwandtschaft begann, sie zu meiden. Zuletzt begann selbst ihr Mann sie wegen ihres Verhaltens zu hassen. So verlor sie alles und verbrachte den Rest ihres Lebens sehr unglücklich.

Auch gute spirituelle Schüler (*Sadhaka*) sprechen nie über die Unterweisung (*Upadesha*) ihres Gurus oder ihre spirituellen Erlebnisse. Ein törichter Aspirant jedoch, der stolz ist auf seine anfänglichen spirituellen Erfahrungen, fängt an, damit Reklame zu machen, um die öffentliche Aufmerksamkeit und Bewunderung auf sich zu lenken. Die Menschen durchschauen jedoch seine Eitelkeit und er wird zum Gegenstand öffentlichen Spotts. Andere Sadhakas meiden seine Gesellschaft. Einbildung und Stolz führen dazu, daß er den anfänglichen Kontakt mit dem Göttlichen verliert und seine bisherigen spirituellen Erfahrungen einbüßt.

Deshalb behalte die Unterweisungen deines Gurus und deine spirituellen Erfahrungen für dich. Dann wirst du spirituell wachsen und das Ziel schnell erreichen.

Gleichnis von der frömmlerischen Anhängerin

Eine spirituelle Aspirantin hatte ein goldenes Abbild von Buddha, welches sie immer bei sich trug. Im Laufe ihrer Wanderschaft kam sie in ein Kloster, in dem es Hunderte von Buddhabildern gab. Sie mochte aber die anderen Buddhas nicht, sondern nur ihren eigenen. Wenn sie Räucherstäbchen für ihren Buddha anzündete, störte es sie, wenn der Rauch auch zu den anderen Bildnissen hinüberwehte. Um das zu verhindern, brachte sie um ihren Buddha einen Vorhang an. Innerhalb weniger Monate wurde ihr Bildnis dunkel vom Rauch, während die anderen Buddhas weiter golden strahlten.

So sind engherzige Menschen. Sie achten den Glauben anderer nicht. Wie ein Fluß ohne Nebenflüsse nicht existieren kann, so fehlt ihrem Glauben die Festigkeit und er stirbt eines frühen Todes. Man muß großherzig sein und auch den Glauben anderer akzeptieren. Die Religion, die alles einschließt und niemanden bekämpft, ist wahre Religion. Nur sie wird überdauern, während andere wie Luftblasen verschwinden werden. Eine solche Religion ist die Religion der Wahrheit, der Reinheit, Gewaltlosigkeit und Liebe.

5. Kapitel:
Der Weg des Dienens

Gleichnis vom Bad des Elefanten

Ein Elefantentreiber (*Mahut*) ging mit seinem Elefanten zum Ganges (Fluß in Nordindien) und badete ihn eine Stunde lang. Er verwendete pfundweise Seife und schrubbte den ganzen Körper sehr gründlich. Dann führte er den Elefanten aus dem Wasser, um ihn nach Hause zu bringen. Sowie der Elefant ans Ufer kam, saugte er seinen ganzen Rüssel mit Staub und Erde auf und besprizte sich damit von oben bis unten. Da seine Mühe, den Elefanten gründlich zu waschen, umsonst gewesen war, brachte der Mann den Elefanten zurück zum Wald und ließ ihn Baumstämme heben. Der Elefant machte seine Arbeit sehr gut und der Aufwand hierfür war nicht umsonst! Der Elefantenbesitzer erkannte, daß der Elefant für diese Tätigkeit sehr geeignet ist und es klüger ist, ihn dafür einzusetzen als Zeit damit zu vergeuden, ihn gründlich zu baden.

Zwar ist der Elefant ein sehr intelligentes Tier. In diesem Beispiel steht er jedoch für einen trägen Menschen mit allen möglichen Fehlern. Der Elefantenbesitzer symbolisiert einen Heiligen, der versucht, den Menschen mit der Seife des Wissens zu reinigen. Er badet ihn mit *Japa* (Mantrawiederholung), *Kirtan* (Mantrasingen) etc. Aber sobald er eine Chance sieht, bedeckt sich der Mensch selbst wieder mit Staub und Schmutz. Der Heilige versteht die menschliche Natur. Er weist ihn zu harter Arbeit und selbstlosem Dienst an, die ihn schließlich läutern.

Gleichnis von der List der Mutter

Eine Mutter versuchte, ihrem Kind einen Löffel bittere Medizin zu geben. Wie sehr sie sich auch bemühte und schmeichelte – es mochte die Medizin nicht nehmen. Schließlich kam ihr eine wundervolle Idee. Sie legte dem Kind ein Stückchen Laddu (eine indische Süßigkeit) hin und sagte: „Wenn du die Medizin nimmst, bekommst du auch das Laddu." Nun schluckte das Kind die Medizin bereitwillig. Dank der Behandlung eht es ihm bald besser. Mit frischer Energie läuft es voller Freude davon und vergißt darüber sogar die Süßigkeit.

Wenn du einem Menschen sagst: „Bitte führe dieses *Yajna* (Opferritual) aus", wird er es nicht tun, weil er mit jeder Handlung Vergnügen erreichen will. Darum heißt es in den *Veden*, daß man als Belohnung für Opferhandlungen den Himmel (*Swarga*) erreicht. Wenn der Mensch die Rituale aufgrund dieses Versprechens tatsächlich durchführt, wird sein Herz geläutert. Nach und nach dämmert Weisheit in ihm auf. Er kümmert sich nicht mehr um Himmelsfreuden und begrenztes Glück, sondern erreicht in höchster Wonne die Befreiung.

5. Kapitel: Der Weg des Dienens

Gleichnis von den Jungen und den Auberginen

Ein Mann hatte zwei Söhne. Eines Tages gab er jedem zehn Rupien[5] und sagte: „Diese zehn Rupien könnt ihr nach Belieben ausgeben. Aber bringt mir ein paar Auberginen für das Abendessen mit."

Beide gingen zum Basar. Der dumme Junge gab dem Gemüsehändler den Geldschein und sagte: „Bitte gib mir zehn Auberginen dafür. Mein Vater möchte heute ein gutes Abendessen." Der Gemüsehändler merkte sofort, daß der Junge sich nicht auskannte. Er gab ihm zehn angefaulte Auberginen für sein Geld. Der kluge Junge ging in das Gemüsegeschäft, zeigte den Zehn-Rupien-Schein und sagte: „Schau, ich möchte zehn Auberginen – die besten zum günstigsten Preis. Und gib mir das Rückgeld." Er bekam die zehn Auberginen für ein paar Pfennig. Für zwei Rupien führte er eine *Puja* (Verehrungsritual) im Tempel aus und bekam gesegnetes *Prasad* (Opfergabe). Fünf Rupien schenkte er armen Kindern. Für das restliche Geld kaufte er die besten spirituellen Bücher, die er bekommen konnte.

Beide kehrten zum Vater zurück und zeigten, was sie mitgebracht hatten. „Schau Vater, was ich bringe! Zehn Auberginen für zehn Rupien. Sie schmecken bestimmt wunderbar!" sagte der törichte Junge. Der Vater warf sie weg und sagte: „Du hast nicht nur das Geld ausgegeben, sondern auch noch faule Auberginen gebracht, die noch dazu andere Lebensmittel verderben würden, wenn man sie zusammen kochen würde. Was für ein Tor du bist!" Dann wandte er sich seinem anderen Sohn zu und fragte ihn: „Was hast du gebracht?"

Der kluge Junge gab dem Vater die guten Auberginen, das Prasad aus dem Tempel und die spirituellen Bücher, und fügte hinzu: „Vater, das alles hat nur fünf Rupien gekostet. Die restlichen fünf Rupien habe ich für wohltätige

---

5. Heute etwa 50 Pfennig, als dieses Buch geschrieben wurde, wesentlich mehr. Eine Rupie war früher in Untereinheiten von Annas unterteilt.

Zwecke gespendet. Wie glücklich die armen Kinder darüber waren! Sie haben innig um Gottes Segen für uns alle gebetet. Sicher freut Gott sich über uns alle." Der Vater umarmte den klugen Jungen voller Liebe und würdigte seine Klugheit: „Mein geliebter Sohn! Du erfreust mich sehr. Ich mache dich hiermit zum alleinigen Erben meines ganzen Besitzes. Du und ich sind Eins."

Gott gibt den Menschen Reichtümer, damit sie diese auf sinnvolle Weise nutzbar machen können. *Artha* (Wohlstand) sollte so genutzt werden, daß auch alle anderen *Purusharthas*[6] (Ziele im menschlichen Leben) erfüllt werden, nämlich *Dharma* (Rechtschaffenheit, Pflichterfüllung, Einsatz in der Gesellschaft, Erfolg im Beruf), *Kama* (Wunscherfüllung, Sinnesbefriedigung) und *Moksha* (Befreiung). Wohlstand sollte nicht nur der Befriedigung der eigenen materiellen Bedürfnisse (*Kama*) dienen.

Viele Menschen verschwenden ihr Geld, all ihre Energie und Zeit für Sinnesvergnügungen. Sind diese Freuden, für die sie Geld ausgeben, echte Vergnügen? Bringen sie nicht letztendlich nur Leid, weil sie im Kern faul sind?

Im Gegensatz dazu der kluge Mensch. Er kauft sparsam die lebensnotwendigen Dinge und gibt bereitwillig Geld aus für alles, was *Dharma* (Pflichterfüllung) erhöhen und ihn Moksha, der Befreiung, näher bringen kann. Er ist wohltätig und läßt Verehrungsrituale ausführen. Er gibt Heiligen und Weisen zu essen und bemüht sich um ihr körperliches Wohlergehen, so daß sie ihr Wissen und ihre Weisheit (*Jnana*) an ihn weitergeben und ihm bei seinem spirituellen Fortschritt helfen können. Gott freut sich über ihn, umarmt ihn und sie werden Eins. Der Mensch bekommt göttliche Eigenschaften, Glanz und Macht (*Aishvarya*) und erstrahlt als Erbe Gottes auf Erden, als ein großer Heiliger, Siddha (Meister) und *Jivanmukta* (lebendig Befreiter).

---

6. *Purusharthas*: die vier Ziele, auf die das menschliche Leben gerichtet ist: *Kama* = Wunscherfüllung, *Artha* = Wohlstand, *Dharma* = Rechtschaffenheit, *Moksha* = Befreiung

5. Kapitel: Der Weg des Dienens

Gleichnis vom Honig und der Kletterpflanze

Auf einem großen Baum im Dschungel befand sich ganz oben an einem Zweig eine große Honigwabe. Um hinaufklettern zu können, hätte man erst in mühevoller Kleinarbeit Kerben in den Stamm schlagen müssen.

Eine schmächtige Kletterpflanze wand sich um den Baum und reichte hinauf bis in große Höhe. Sie schien kräftig zu sein, obwohl sie gefährlich im Wind schwankte.

Ein Mann wollte den Honig haben, ohne sich groß anzustrengen. Statt erst Stufe um Stufe in den Baum zu schlagen, begann er, mit Hilfe der Kletterpflanze hinaufzusteigen. Als er einige Meter über dem Boden war, knickte ein starker Windstoß die Kletterpflanze. Der Mann stürzte hinunter und brach sich die Gliedmassen.

Ähnlich ergeht es den Menschen, die versuchen, den Baum der Göttlichkeit mit Hilfe der Kletterpflanze von Kamya-Karma (Handlung, die nicht selbstlos ausgeführt wird, sondern in der Erwartung bestimmter Früchte und Ergebnisse) zu erklimmen, um den Honig von Moksha (Befreiung) zu kosten. Der Weg zur Befreiung führt einzig und allein am Stamm des Baumes der Göttlichkeit hinauf. Du mußt mit Geduld und eigenem Bemühen im Sadhana (spirituelle Praxis) Stufen auf ihm anlegen. Du mußt Schritt für Schritt aufsteigen, beginnend mit Yama[7], Niyama, Asana, Pranayama, Pratyahara, Dharana, Dhyana, um dann zur Spitze des Samadhi zu gelangen. Es gibt auf diesem Weg keine Abkürzungen. Du kannst der Verantwortung nicht ausweichen. Wenn du versuchst, mit Hilfe der Kletterpflanze von selbstsüchtigem Handeln (Kamya-Karma)

---

7. Die acht Stufen des Yoga (*Ashtanga*): *Yama* = moralisch-ethische Regeln; *Niyama* = Regeln im Umgang mit sich selbst, Selbstdisziplin; *Asana* = Stellung, Sitzhaltung; *Pranayama* = Atemübungen; *Pratyahara* = Zurückziehen der Sinne; *Dharana* = Konzentration; *Dhyana* = Meditation; *Samadhi* = überbewußter Zustand

hinaufzuklettern, wirst du nicht die Höhe der Herrlichkeit des Selbst erreichen. Selbstsüchtiges Handeln wird dich nicht zum Ziel der Selbstverwirklichung bringen.

Der Wind der Selbstsucht, des Verlangens nach den Dingen der Welt und den Vergnügen des Himmels wird die Kletterpflanze brechen und du wirst stürzen. Wenn du dagegen Sadhana ernsthaft betreibst und den mühsamen Weg nach oben einschlägst, wirst du die Spitze erreichen und den Nektar der Unsterblichkeit und ewiger Glückseligkeit trinken.

5. Kapitel: Der Weg des Dienens

Gleichnis von der Verdauungsstörung

Ein Mann hatte bei einem Fest zu viel *Ghee* (gereinigte, geschmolzene Butter) zu sich genommen. Daraufhin funktionierte seine Verdauung nicht mehr und er wurde krank. Er ging zum Arzt. Der Arzt bat ihn: „Bringe mir etwas *Ghee*. Ich werde eine Medizin für dich herstellen."

Der Kranke wunderte sich sehr. „Doktor, ich leide an den Auswirkungen von zu viel Ghee. Warum möchtest du mein Problem noch vergrößern?" „Mein lieber Mann, bitte bring mir das Ghee. Ich werde dir zeigen, was du damit machen sollst. Das gleiche Ghee wird nun deine Medizin." Der Patient brachte daraufhin das Ghee. Der Arzt fügte weitere Bestandteile hinzu und verabreichte das Ganze in der geeigneten Dosis. Der Mann wurde wieder gesund und sein Appetit kehrte zurück.

Durch *Karma* (Gesetz von Ursache und Wirkung) ist der Mensch an das Rad von Geburt und Tod gebunden. Eigennützige Handlungen mit dem Wunsch nach Erträgen ziehen als Ursache neue Wirkungen nach sich und führen zu weiteren Wiedergeburten mit all ihrem Leid. Zur Heilung von dieser Krankheit von Geburt und Tod sucht der Mensch einen Heiligen auf. Dieser verschreibt Dienst, Arbeit, d.h., *Karma* (*Karma Yoga* = selbstloser Dienst)! Kann die Arbeit selbst die Fesseln der Arbeit durchtrennen? Ja, wenn das Handeln selbstlos und uneigennützig erfolgt, ohne den Hintergedanken an eine Belohnung jetzt oder in Zukunft. Dann wird Arbeit zu *Nishkama-seva*, (*nishkama* = absichtslos, ohne Anhaften; *Seva* = Dienst) und befreit den Menschen aus dem Gefängnis der Reinkarnation.

Gleichnis vom Mann, der Schlamm mit Schlamm abwäscht

Ein junger Mann hatte gehört, daß man Hitze mit Hitze, Scharfes mit Scharfem bekämpfen solle. Eines Tages ging er eine Straße entlang, wobei er einen schlammigen Kanal überqueren mußte. Auf der anderen Seite angekommen, stellte er fest, daß seine Beine bis hinauf zu den Knien voller Schlamm waren. Daraufhin begann er, noch mehr Schlamm bis hinauf zur Hüfte zu verteilen. Ein weiser Mann, der gerade vorbeikam, fragte ihn, was er denn da tue. Der junge Mann antwortete: „Ich versuche, den Schlamm zu entfernen." „Aber du fügst doch noch mehr hinzu!" „Das entspricht der Regel, wonach Gleiches Gleiches heilt." „Oh du Törichter," sagte der weise Mann, „diese Regel kann hier nicht angewendet werden. Wenn du dem Schmutz Schmutz hinzufügst, wirst du nur noch schmutziger werden. Entferne den Schmutz, indem du dich mit Wasser und Seife wäschst."

Genauso geht es dem Individuum (*Jiva*), das in den schmutzigen Teich des *Samsara* (Kreislauf von Geburt und Tod) geworfen wird, in ihm schwelgt, und durch wunschbehaftete Handlungen (*Kamya Karma*) mehr und mehr Schmutz hinzufügt. Es glaubt, durch solche Handlungen glücklich werden zu können. Das Gegenteil ist der Fall. Das Individuum wird durch das Zusammenwirken von *avidya* (Nichtwissen), *Kama* (Wunscherfüllung) und *Karma* (Handlung; Ursache und Wirkung) immer stärker an das Rad von Geburt und Tod gebunden. Der Guru kommt und erleuchtet den Menschen: „Dies ist nicht der Weg zu immerwährendem Glück oder zur Befreiung. Wasche den Schmutz des Karma mit dem Wasser von *Bhakti* (Gottesverehrung) und der Seife der Wunschlosigkeit ab. Spiritualisiere alle deine Handlungen. Der Schmutz, der deine Seele bedeckt hat, löst sich und du erstrahlst in deiner ursprünglichen Herrlichkeit." Der Schüler praktiziert *Bhakti* (Hingabe an Gott) und *Nishkama-seva* (selbstlosen Dienst) und wird letztendlich befreit.

5. Kapitel: Der Weg des Dienens

Gleichnis von den beiden Reisenden

Zwei Männer wanderten eine Dorfstraße entlang. Plötzlich stieß der eine einen Schrei aus und setzte sich auf den Boden. Ein großer Dorn steckte in seinem Fuß. Er hatte große Schmerzen und konnte den Fuß nicht mehr bewegen. Der andere Mann ging weiter und rief nach einer Weile dem Verletzten zu: „Komm, es wird spät. Wenn du nicht weitergehst, erreichen wir unseren Bestimmungsort nicht mehr, bevor die Nacht hereinbricht."

Der Sitzende erwiderte: „Mein Freund, ich kann mich nicht mehr bewegen, bevor der Dorn nicht entfernt worden ist." „Warum machst du soviel Aufhebens? Nun komm schon, steh auf!" und er ging ein Stück des Weges. Da trat auch er in einen Dorn und mußte sich schmerzgekrümmt hinsetzen. Da die geringste Bewegung den Schmerz verschlimmerte, war es beiden nicht möglich, die Dornen selbst zu entfernen. So saßen sie und litten an der gleichen Qual, durch Unfreundlichkeit voneinander getrennt, und konnten sich gegenseitig nicht helfen. Schließlich kam ein dritter Reisender des Weges und half ihnen, die Dornen herauszuziehen. Der Neuankömmling sagte: „Freunde, man spricht im übertragenen Sinn von Narben ohne Verletzungen. Wenn du den Dorn im Fuße deines Freundes entfernt hättest, hätte er dich weiter begleitet und sobald du in den Dorn getreten bist, hätte er dir geholfen. Darum sollte man rasch dem Ziel zustreben, ohne jedoch die Schmerzen des anderen zu ignorieren."

So benehmen sich oft hartherzige Menschen. Wenn sie auf diesem dornigen, rauhen Weg des Lebens einem von Schmerz und Armut geschlagenen Mitreisenden begegnen, lachen sie ihn aus und gehen ihres Weges. Es entspricht dem Naturgesetz des Lebens, daß sie selbst auch bald von Schmerz und Armut betroffen sind. Ohne Aussicht auf Hilfe leidet dann auch der hartherzige Mensch. Dann kommt ein Heiliger im Besitz der höchsten Weisheit, der das Bewußtsein der Einheit erreicht hat, befreit alle aus ihrem Elend und pflanzt in ihre Herzen den Samen der Liebe. Er sagt: „Oh Mensch, Schmerz existiert im anderen nur, um dir die Gelegenheit zu geben, ihm zu dienen und ihn aus seinem Unglück zu befreien. Wenn du anderen dienst, kannst du dich schnell entwickeln und weiter zu deinem Bestimmungsort voranschreiten. Lache nicht über die Not des anderen und sage, es ist sein Karma. Denn bald schon kann es sein, daß du dich in den gleichen Umständen wiederfindest. Verstehe die Natur der Welt. Diene allen. Liebe alle. Verwirkliche das Selbst in allem."

5. Kapitel: Der Weg des Dienens

Gleichnis vom Palast des Großgrundbesitzers

Ein Grundbesitzer und Steuereintreiber (*Zamindar*) hatte einen wunderschönen Palast erbaut. Um seinen Wohlstand zu zeigen, hatte er in dem Palast in verschwenderischer Weise alle erdenklichen Kostbarkeiten aus Kunst und Architektur der Zeit anbringen lassen. Die Einweihung wurde mit großem Pomp gefeiert. Viele Gäste waren geladen. Einige von ihnen bewunderten die Bilder, andere die Fresken an den Wänden. Manche bewunderten die prächtige Architektur und Ausstattung der Räume, wieder andere die verschwenderische Kunst an jeder der Türschwellen. Nur der Baumeister des Palastes blieb schweigsam. Der *Zamindar* fragte ihn: „Nun mein Freund, warum bist zu so still? Was an diesem Palast, der seine Entstehung mir verdankt und an dem du maßgeblich mitgewirkt hast, bewunderst du am meisten?" „Oh Herr, ich hatte für einen Moment vollständig das Bewußtsein für meine Umgebung verloren. Während ich in die Pracht dieses Palastes versunken war, sah ich vor meinem geistigen Auge zwei kräftige Ochsen, die immer wieder den Kalkmischer umrunden. Aller Ruhm dieses prächtigen Palastes gebührt ihnen. Was hätten all die Architekten, Ingenieure und Kunsthandwerker ausrichten können, wenn diese beiden Ochsen nicht geduldig den Kalkmischer gedreht und sich abgeplagt hätten, um den besten Kalk für den Bau dieses Palastes hervorzubringen?"

Bei jedem großartigen Unternehmen gibt es wunderschöne spektakuläre Seiten, die den Blick fesseln, Bewunderung hervorrufen, die Aufmerksamkeit auf sich ziehen. Angesichts dieses auffälligen Glanzes vergißt man oft den unauffälligen, selbstlosen Dienst der Arbeiter, die den Auftrag ausgeführt haben. Ihnen gebührt der wirkliche Ruhm.

6. Kapitel:
Der Weg der Gottesliebe

Gleichnis vom Schneider und der Nadel

Ein Schneider war bei seiner Arbeit. Er nahm ein Stück Stoff und schnitt ihn mit einer glänzenden, kostbaren Schere in Stücke. Dann legte er die Schere auf den Boden, nahm eine kleine Nadel und einen Faden und begann, die Stoffstücke zu einem schönen Hemd zusammenzunähen. Als er fertig war, steckte er die Nadel an seinen Turban. Sein Sohn hatte das beobachtet und fragte: „Vater, die Schere ist kostbar und sieht so wunderschön aus. Doch du legst sie neben deine Füße auf den Boden. Die Nadel ist praktisch nichts wert, du bekommst ein Dutzend für ein paar Pfennig. Sie aber steckst du an deinen Turban. Machst du das aus einem bestimmten Grund?"

„Ja, mein Sohn. Die Schere hat zweifellos ihre Aufgabe; doch sie schneidet nur den Stoff auseinander. Die Nadel hingegen verbindet die Einzelteile wieder miteinander und erhöht den Wert des Stoffes. Darum ist mir die Nadel kostbarer und wertvoller. Der Wert einer Sache beruht auf ihrer Nützlichkeit, mein Sohn, nicht darauf, was sie kostet oder wie sie aussieht."

Es gibt zwei Arten von Menschen – solche, die Zwietracht und Unfrieden säen und die Menschen voneinander trennen, und solche, die Frieden und Harmonie bringen und die Menschen miteinander verbinden. Die ersteren sind oft die eher Begüterten und Herrschenden, die letzteren sind gewöhnlich mit materiellen Gütern nicht gesegnete spirituelle Menschen, Wander- und Bettelmönche. Gott setzt beide ein, um das Leben zu einem Schauplatz der Entwicklung für die individuelle Seele zu machen. Seine Werteskala unterscheidet sich dabei wesentlich von der eines Normalbürgers.

Gleichnis von der Ameise und der Eidechse

Eine Ameise ißt genießerisch ein Körnchen Zucker. Zwei junge Männer beobachten, wie selbstvergessen sie sich dieser Beschäftigung hingibt. Plötzlich taucht eine Eidechse auf und will die Ameise fressen. Sie hält einen Augenblick inne, um richtig zu zielen.

Einer der jungen Männer sagt: „Schau, die Eidechse möchte die Ameise fressen. Das ist das Gesetz der Natur. Es entspricht dem Naturgesetz, daß die Ameise der Eidechse als Nahrung dient." „Nein", erwiderte der andere. „Wir sollten nicht untätig daneben stehen und zusehen, wie die Eidechse die Ameise frißt. Ich werde das verhindern." Damit packte er die Eidechse am Schwanz. Ein Teil des Schwanzes blieb in seiner Hand zurück, aber die Eidechse ging unbeirrt weiter auf ihr Ziel zu. Nun legte er schnell seine gewölbte Hand über die Ameise. Die Eidechse erkannte, daß ihr Angriff gescheitert war und zog sich zurück.

So ähnlich ist es, wenn ein spiritueller Sucher zu meditieren versucht. Die alten Wünsche und Gedankeneindrücke kommen auf, um seine Sadhana-shakti, die aus der spirituellen Praxis gewonnene Energie, zu verschlingen. Während er eine Weile in der Freude aufgeht, die die Meditation über Gott mit sich bringt, kommt der Feind aus dem Inneren, um anzugreifen. Der Pessimist gibt seine Bemühungen auf. Der Kluge jedoch nicht. Zunächst schätzt er die dunklen Kräfte falsch ein und versucht, mit dem Feind einen ehrlichen Kampf auszutragen. Die ablenkenden Gedankenwellen werden dadurch jedoch nicht unschädlich gemacht, sondern entkommen dem Zugriff.

Das Licht der Weisheit dämmert im *Sadhaka* (spiritueller Schüler, Sucher). Schnell bedeckt er den Geist, der in Meditation versunken ist, mit dem machtvollen Schutzschild des Namens Gottes und der vollkommen

Hingabe. So beschützt vom allmächtigen Namen ist er sicher. Seine Meditation schreitet ungehindert fort. Die negativen Gedanken haben ihre Macht verloren und verschwinden.

Verzweifle nicht. Kämpfe auch nicht mit dem Bösen. Kultiviere statt dessen die gegenteilige Tugend. Nimm Zuflucht zu Seinem göttlichen allmächtigen Namen. Koste die unsterbliche Wonne.

Gleichnis vom unverbesserlichen alten Mann

Es war einmal ein Mann, der in der Blüte seines Lebens viel Geld verdient hatte. Er hatte alle Freuden des Lebens genossen und war mächtig und einflußreich. Im Laufe der Jahre büßte sein Körper an Vitalität ein. Er wurde schwach und erschöpft. Trotzdem wünschte er nicht, daß außer seinen alten Freunden jemand zu ihm kam. Er war ängstlich darauf bedacht, keine spirituellen Menschen zu empfangen aus Furcht, sie könnten nichtweltliches Gedankengut verbreiten und so das materielle Wohlergehen seiner Familie behindern. Mit einem schweren Krückstock in der Hand saß er am Eingang, so daß niemand unbemerkt vorbeikam. Da er nicht mehr gut sah, fragte er jeden, der das Haus betreten wollte: „Wer bist du?" und erlaubte nur seinen alten Freunden, einzutreten. Selbst die Priester und Heiligen, die kamen, um ihn und das Haus zu segnen, hielt er fern. Schließlich starb er. Nach seinem Tod versammelten sich die Gläubigen im Haus, sangen *Bhajans* (Loblieder) und *Sankirtans* (gemeinsames Mantrasingen) und verwandelten das Haus in ein wahrhaftiges *Vaikuntha* (mytholog. Wohnstätte *Vishnus*, des Schöpfergottes; der Himmel).

Im Herzen materiell orientierter Menschen manifestieren sich Wünsche in all ihrer Stärke. Die Erfahrungen und Tiefschläge im Laufe des Lebens sowie die abnehmende Lebensenergie schwächen das Verlangen allmählich ab. Aber selbst dann, in diesem beträchtlich geschwächten Zustand, sitzt das Verlangen nach Sinnesbefriedigung am Eingang zum Geist und erlaubt keinem erhabeneren Gedanken, in den Geist einzudringen. Mit dem großen Stock der Täuschung und des Zweifels schlägt es alle göttlichen Einflüsse in die Flucht. Aber die Gnade Gottes kommt herab und das Verlangen stirbt. Der göttliche Einfluß dringt in die individuelle Seele ein und hilft dem Menschen, seine göttliche Natur zu verwirklichen.

Parabeln

Gleichnis vom Räuber

In einem kleinen Dorf lebte ein reicher Millionär. Eines Nachts, als er und seine Familie schliefen, hörte man plötzlich ein Geräusch. Ein starker Bandit drang durch ein Loch, das er in die Wand geschlagen hatte, in das Haus ein. Der Millionär und seine Familie konnten nichts gegen ihn ausrichten. Der Räuber brachte sie alle gnadenlos um und nahm selbst Besitz vom Haus und all dem Reichtum.

Voller Stolz, Überheblichkeit und Selbstsucht (Abhimana) sitzt das Ego im Herzen des Menschen. Man hört ein Geräusch: Mönche (Sadhus) und Heilige (Mahatmas) singen den Namen Gottes. Gott, der größte aller Räuber, dringt über den Klang durch die Ohren ins Herz und vernichtet dort unbarmherzig das Ego des Menschen sowie seine große Familie aus Wünschen (*Kama*), Ärger (*Krodha*), Besitzenwollen (*Lobha*), Täuschung (*Moha*), Arroganz (*Mada*), Eifersucht (*Matsarya*) und vieler anderen Unarten. Und Gott selbst nimmt Herz und Geist des Menschen mit all ihrem Reichtum an Tugenden und Intelligenz in Besitz.

Gleichnis von der gesegneten Ratte

Am Ufer eines Bergflusses stand ein verfallenes Gebäude voller Rattenlöcher, in denen zahlreiche Ratten wohnten. Nachts gingen sie auf Nahrungssuche. In einem benachbarten Lebensmittelgeschäft fanden sie mehr als genug. Sie horteten die Nahrung in ihren Löchern und lebten in trügerischem Frieden. Eines Tages schwoll der Fluß plötzlich an. Die Flut schwemmte alle Ratten, die in ihren Löchern saßen, weg. Sie ertranken sofort und trieben den Fluß entlang. Als das Wasser sich ein weiteres Mal zu riesigen Wellen aufbäumte und eine Ratte mit sich riß, schwamm auf dem Kamm einer Welle ein großer Baumstamm. Irgendwie schaffte es die Ratte, hinaufzuklettern. Ein Stück flußabwärts wurde der Baumstamm an Land gespült. Die Ratte strandete unversehrt am sandigen Flußufer und war gerettet.

Der Bergfluß ist vergleichbar mit Samsara, dem Kreislauf von Geburt und Tod, die heftige Strömung mit *Raga-Dwesha* (Zu-/Abneigung, Mögen/Nichtmögen). Das verfallene Haus entspricht der Erde, mit keinem anderen Dach als dem Himmel, durch Meere in Teile, die Kontinente, aufgesplittert, mit Flüssen, die sich hier und dort ihren Weg bahnen, mit hohen Bergketten und flachen Ozeanen. In diesem verfallenen Haus wohnen Menschen in ihren Rattenlöchern, die sie Städte und Dörfer nennen. Ohne sich der Gefahr der Strömung von *Raga-Dwesha* bewußt zu sein, tragen die Menschen ständig die Dinge der Welt zusammen und horten sie. Schließlich werden sie von der Strömung ihrer Vorlieben und Abneigungen weggeschwemmt. Die meisten kommen um. Doch auf dieser Strömung schwimmt der rettende Baumstamm des *Bhakti* (Gottesverehrung). Ein gesegneter Mensch klammert sich schnell an diesen Baumstamm. So wird er mit der Zeit sicher zum Strand der Unsterblichkeit getragen.

Parabeln

Gleichnis vom Millionär und den drei Bettlern

In einer Stadt lebte einst ein gutmütiger Millionär. Drei Bettler wollten ihn um Hilfe bitten. Der erste ging hin und sagte: „Oh Herr! Ich möchte fünf Rupien. Bitte gib sie mir." Die Dreistheit des Bettlers überraschte den Millionär. „Was! Du verlangst fünf Rupien von mir, als ob ich dir das Geld schulden würde! Wie kannst du es wagen? Wie könnte ich einem einzigen Bettler fünf Rupien geben? Hier hast du zwei Rupien. Nun geh!"

Der zweite Bettler kam und sagte: „Oh Herr! Ich habe in den letzten Tagen keine einzige richtige Mahlzeit mehr gehabt. Bitte hilf mir." „Wieviel möchtest du haben?" fragte der Millionär. „Was immer du mir gibst, Herr," antwortete der Bettler. „Hier hast du zehn Rupien. Nun geh!"

Der dritte Bettler kam. „Oh edler Herr, ich habe von deinen edlen Eigenschaften gehört. Darum bin ich gekommen um dich zu sehen. So wohltätige, hochherzige Menschen wie du sind tatsächlich eine Manifestation Gottes auf Erden," sagte er. „Bitte setz dich," sagte der Millionär. „du scheinst müde zu sein." Und er bot dem Bettler Speisen an. Anschließend fragte er: „Nun sage mir bitte, was ich für dich tun kann." „Maharaj," antwortete der Bettler, „ich kam nur, um eine so edle Persönlichkeit wie dich zu sehen. Du hast mich bereits reichlich bewirtet. Was mehr sollte ich noch brauchen oder wollen? Du hast dich mir gegenüber außerordentlich freundlich gezeigt. Gott segne dich!" Der Millionär war tief beeindruckt von der Geisteshaltung des Bettlers. Er bat ihn, bei ihm zu bleiben, baute ihm ein schönes Haus neben dem seinen und sorgte für den Rest seines Lebens für ihn.

Gott ist wie dieser gütige Millionär. Drei Arten von Menschen nähern sich Ihm mit unterschiedlichen Wünschen und Gebeten. Der gierige, weltlich orientierte Mensch voller Eitelkeit, Arroganz und Wünsche fordert von Gott Objekte weltlichen Vergnügens. Was auch immer seine Wünsche sein mögen, von dem Augenblick an, in dem der Mensch sich an Gott wendet, gewährt Er ihm die Erfüllung zumindest eines Teils seiner Wünsche – selbst wenn sie sehr vergänglich sind. Die zweite Art von Anhängern betet um Befreiung von den Leiden der Welt und sucht Schutz bei Gott und seinem Willen. Gott befreit sie von Leiden und schenkt ihnen Reichtum und Besitz. Die dritte Art von Anhänger ist der Jnani, der Weise. Er kennt die Natur Gottes und betet: „Oh Herr, Du bist Satchidananda, reines, absolutes Sein, Wissen und Glückseligkeit."

Worum bittet dieser Anhänger? Um nichts Konkretes. Doch Gott ist höchst erfreut über diesen Geist der Entsagung, der Wunschlosigkeit und der Selbstunterwerfung. Er gibt ihm Nahrung, d.h., er verleiht diesem Menschen höchste Hingabe. Und er läßt ihn für immer bei sich leben als ein befreiter Heiliger.

Parabeln

Gleichnis vom Holzfäller und Yama, dem Totengott

Eines Tages im Juni, als die Sonne am höchsten stand, mühte sich ein alter Holzfäller damit ab, ein Bündel Holz zu sammeln. Er seufzte und schleppte sich schweren Schrittes auf dem heißen Weg. Völlig erschöpft warf er schließlich seine Last zu Boden und betete zum Gott des Todes: „Oh Tod! Bitte komm und nimm mich mit dir, befreie mich von diesen Bürden." *Yama* eilte sofort herbei, um ihn aus der Sklaverei dieser weltlichen Existenz zu befreien.

„Ich bin gekommen," sagte er, „bist du bereit?" „Nein, nein," erwiderte der alte Mann, „nicht deswegen rief ich dich. Bitte hilf mir, diese Last anzuheben und auf meinem Kopf zu halten. Das ist alles, worum ich dich bitte." Mit diesen Worten trottete er mit seiner Last weiter.

Viele Menschen bekunden große Hingabe an Gott und beten zu Ihm um Befreiung von all dem Elend der Welt. Aber ihre Hingabe ist halbherzig und sie meinen nicht wirklich, worum sie beten. Sie ziehen es vor, ihre unglückliche Existenz fortzusetzen, statt ganz von ihr befreit zu werden.

Für schnellen spirituellen Fortschritt muß man das intensive Verlangen entwickeln, Gott zu treffen. Nimm einmal an, deine Haare hätten Feuer gefangen. Wie sehr beeilst du dich, das Feuer zu löschen? Genau denselben Eifer mußt du an den Tag legen, wenn es darum geht, zum Guru oder zu Gott zu kommen und Befreiung zu erlangen. Wer kann Gott sehen? - Nur wer nicht eine Sekunde lang ohne Ihn leben kann.

Gleichnis vom klugen Jungen

Ein Helfer verteilte heiliges *Prasad* (Opfergabe) vor dem Tempel. Hunderte von Menschen drängten sich um ihn. Es gab viel Lärm und Verwirrung und das *Prasad* konnte nicht richtig verteilt werden. Ein kleiner Junge sah das und lief ins Haus zurück. Gleich darauf kam er mit einem großen Stock zurück, an dessen Ende er einen kleinen Korb befestigt hatte. Mit Hilfe des langen Stocks brachte er den Korb sehr nahe an den Tempeldiener heran, ohne sich unter die Menge begeben zu müssen. Der Tempeldiener bewunderte die Intelligenz des Jungen und gab ihm viel *Prasad*. Die Menschenmenge hingegen kämpfte noch immer darum, möglichst nahe heranzukommen, um *Prasad* zu erhalten!

Gott ist voll unendlicher Gnade, um sie über die ganze Menschheit zu ergießen. Aber die Menschen drängen sich hier und dort, um ganz nach vorne zu kommen. Selbst *Sadhakas* (spirituelle Schüler) und *Devotees* (Anhänger), die sich um Tempel und Ashrams versammeln, trachten nach Stellung und Rang! In der Zwischenzeit nähert sich Gott ein kindlicher Mensch mit einem hohen Grad an *Viveka* (Unterscheidungskraft) mit Hilfe des langen Stocks der Meditation und des Korbes des *Bhakti* (Gottesverehrung). Er hält sich abseits von der aufgeputschten Menge und erreicht Gott als erster aufgrund seiner Meditation und Hingabe. Gott freut sich über seine Unterscheidungskraft, seinen Eifer, die Menge zu meiden und nicht den ersten Platz erreichen zu wollen. Und er ist erfreut über seine Meditation und Hingabe und gewährt ihm rasch göttliche Gnade.

Gleichnis von der Güte des Adligen

In einer Kleinstadt lebte einst ein Millionär, der wegen seiner Großmütigkeit weithin bekannt war. Die Menschen verglichen ihn mit *Karna*, einem Helden aus dem Mahabharata (indisches Heldenepos), der niemals jemandem etwas verweigerte. Eines Tages kam ein armer *Brahmane* zu ihm, erzählte ihm von all seinen Schwierigkeiten und ersuchte ihn um Hilfe. Der reiche Mann versprach: „Ich werde tun, was ich kann, um dir zu helfen."

Bald darauf sandte er ihm reichlich Gold, Reis und andere Vorräte, seidene Kleidung und Möbel. Der arme Brahmane war außer sich vor Freude. Er hatte niemals so viel erwartet. Er hatte vielleicht fünf Rupien erhofft. Nun aber bekam er Dinge, die weit über tausend Rupien wert waren. In den Augen des reichen Mannes war dies jedoch nicht viel. Er fürchtete vielmehr, der Brahmane sei vielleicht nicht mit dem zufrieden, was er ihm gegeben hatte. Aber der Brahmane dachte im Gegenteil in größter Dankbarkeit: „Der edle Mann schenkt mir all diese kostbaren Dinge. Und damit ich mich nicht mit dem Transport abplagen muß, schickt er sie mir sogar durch seine Diener." Er trat in den Dienst des Reichen ein und diente ihm für den Rest seines Lebens.

Der Millionär steht für Gott und der arme Brahmane ist ein gläubiger Sucher (*Sadhaka*). Von allen Seiten verfolgt von unzähligen Sehnsüchten und Wünschen, nimmt der Schüler Zuflucht zu den Lotusfüßen Gottes, um Befreiung zu erlangen. Durch Gebet und Meditation nähert er sich Gott. Er fühlt die göttliche Gegenwart in seinem Inneren. Gott versichert ihm, daß seine Gnade auf ihn herabkommen wird. Und siehe da! Der Fluß der Gnade wäscht bald alle Wünsche weg und füllt den Geist (*Antahkarana*) mit goldenen Tugenden, mit den Samenkörnern des Wissens, bekleidet ihn mit *Vairagya* (Wunschlosigkeit) und stattet ihn mit den Möbeln der Meditation und des *Samadhi* (überbewußter Zustand) aus. Für Gott ist dies nichts, denn er kann seine Anhänger sogar gottgleich machen. Für den *Sadhaka* jedoch ist das alles von unschätzbarem Wert. Er ist außer sich vor Freude darüber, daß Gott nicht wartet, bis er von dieser Welt scheidet und ins Reich Gottes kommt, sondern daß Er ihm seine Geschenke in diese Welt sendet. Voll höchster Hingabe dient er danach für immer Gott und preist seine Herrlichkeit.

7. Kapitel:
Die Eroberung des Geistes

Gleichnis von den Ameisen und dem Zuckerberg

Es lebten einmal Tausende von Ameisen auf einem Salzhügel. Eine Ameise berichtete, daß es in der Nähe einen Zuckerberg gebe. Ein paar Ameisen zogen los, um Zucker zu essen. Viele von ihnen marschierten und marschierten, doch überall fanden sie nichts anderes als Salz, denn sie hatten Salzpartikel im Mund, die sie nicht loslassen wollten. Ein paar andere gaben ihre Salzpartikel auf und kosteten von dem Zucker. Sie hatten das Gefühl, die Süße des ganzen Berges zu besitzen und mit sich zu nehmen.

So ist es auch mit den meisten Menschen. Sie können kein Glück finden, selbst wenn man ihnen sagt, daß sich der Berg der Glückseligkeit neben ihnen befindet, oder daß sie bereits auf ihm wandern. Denn es widerstrebt ihnen, ihre Anhaftungen und selbstsüchtigen Ziele, die sie binden, abzulegen.

Der Geist ist Ursache für Knechtschaft und Befreiung. Wenn man nicht auf die Salzpartikel des Anhaftens verzichtet, kann man nirgends im ganzen Universum Frieden erwarten. Einige wenige sind fähig, Verzicht in geringem Ausmaß zu üben. Dadurch erfahren sie einen Funken von Glückseligkeit. Gesegnet ist, wer mit der Glückseligkeit verschmilzt und dadurch selbst zur Glückseligkeit wird, als Ergebnis vollkommener Entsagung aller Wünsche und Anhaftungen.

Gleichnis vom Mädchen, das den Polizisten und den Dieb anhält

Ein berüchtigter Dieb wurde von einem Polizisten auf frischer Tat ertappt. Mit der Beute in der Hand flüchtete er. Der Polizist verfolgte ihn in wilder Jagd. Nach ein paar hundert Metern kam ein wunderschönes Mädchen die Straße entlang. Der Polizist war gerade dabei, den Räuber zu erwischen. Als er das Mädchen sah, blieb er stocksteif stehen und starrte es an. Auch der Dieb war von dem Anblick des Mädchens gefesselt und blieb ebenfalls stehen - nur ein paar Meter von dem Polizisten entfernt. Das Mädchen streifte sie mit einem kurzen Blick und ging weiter. Sowie es außer Sichtweite war, fiel dem Polizist plötzlich wieder ein, daß er ja den Dieb jagte und dieser wiederum wurde sich bewußt, daß der Polizist hinter ihm her war. Sie begannen wieder ihre Jagd. Doch die Konzentration und Nachdrücklichkeit hatte nachgelassen. Der Dieb entkam.

Der niedere Geist voll Unreinheiten ist der Räuber. Der höhere, reine Geist ist der Polizist. Der spirituelle Schüler faßt den frommen Entschluß, die Wurzeln der unreinen *Vasanas* (latent vorhandene Neigungen) auszugraben. Der höhere *sattwige* Geist beginnt, ihn von den negativen Neigungen zu reinigen. Die Jagd beginnt. Nach einiger Zeit verlockt ein Sinnesobjekt den *Sadhaka* (Schüler). Der innere Kampf verflüchtigt sich. Der reine Geist vergißt seine Pflicht. Der niedere Geist ignoriert die Gefahr. Wenn die Welle der Erregung vorbei ist, beginnt der Kampf wieder, aber die starke Energie und Nachdrücklichkeit dahinter fehlen. Der niedere Geist ist durch das Nachlassen des reinen Geistes wieder gestärkt worden und es wird immer schwieriger, ihn zu bezwingen.

Sei immer wachsam! Fange den Dieb des niederen Geistes und rotte ihn aus!

Parabeln

Gleichnis vom armen Mann und seiner Schatztruhe

In einem Dorf lebte ein armer Mann mit dem alles verzehrenden Wunsch, reich zu werden. Gott nahm die Gestalt eines Wahrsagers an und sagte ihm: „Schaufle eine Grube hinter deinem Haus. Dort wirst du eine kostbare Schatztruhe finden." Der arme Mann freute sich riesig, als sich dies als richtig erwies. Nachdem er nun großen Reichtum erlangt hatte, lehnte er sich zurück und kümmerte sich nicht mehr um die Mehrung oder auch nur die Aufrechterhaltung seines Besitzes. Eines Tages kam ein Dieb, der von der Sorglosigkeit des Mannes gehört hatte, und stahl die Truhe. Der Mann war furchtbar schockiert. Er schrie und wehklagte, bis er heiser war, und suchte seine Schatztruhe überall. In der Zwischenzeit faßte der gleiche Wahrsager den Dieb und brachte dem Mann seine Truhe zurück. Dieser freute sich sehr. Von da an ließ seine Wachsamkeit nie mehr nach. Er bewachte die Schatztruhe gut und bemühte sich, seine Schätze zu mehren.

In gleicher Weise strebt ein guter Mensch danach, Gott zu verwirklichen. Sein Streben ist so intensiv, daß Gott in seiner Barmherzigkeit und seinem Mitgefühl ihm einen Guru sendet. Der Guru erklärt dem Menschen, daß in seinem Herzen höchste Glückseligkeit, Gott, wohnt. Der Mensch bemüht sich und erreicht ein gewisses Maß an Erfolg in seinem *Sadhana* (spirituelle Praxis). Dieser Erfolg verdreht ihm den Kopf. Er läßt in seinen Bemühungen nach. In diesem Zustand der Unachtsamkeit überwältigt ihn *Maya* (Täuschung) und trägt seinen spirituellen Erfolg davon. Er befindet sich wieder am Anfang. Plötzlich erkennt er dies und wehklagt über sein Schicksal. Der Guru kommt zu ihm zurück und hilft ihm, die bisher erworbenen spirituellen Erfahrungen zurückzugewinnen. Von nun an läßt der Mensch niemals mehr in seiner Wachsamkeit nach. Er bewacht die Schatztruhe der spirituellen Erfahrungen, die ihm gewährt worden sind, und bemüht sich, Tag für Tag etwas hinzuzufügen.

7. Kapitel: Die Eroberung des Geistes

Gleichnis vom Unkraut im Feld

Ein Mann säte Reis auf seinen Feldern. Zu seiner Überraschung entdeckt er nach einer Woche, daß zwar die Reiskeimlinge anfingen, zu sprießen, gleichzeitig aber auch mehr Unkraut wuchs. Er wunderte sich: „Ich habe nicht einen Samen dieses Unkrauts gesät!" Die Samen waren verborgen in der Erde. Als der Bauer die Reissprößlinge bewässerte, wuchs auch das Unkraut stärker. Er riß das Unkraut aus, aber es kam wieder. Diesmal riß er es an der Wurzel aus und schützte gleichzeitig die Reisernte. Nun wuchs der Reis, während das Unkraut samt der Wurzel entfernt worden war. Der Bauer erzielte eine reiche Ernte.

So ist es auch, wenn ein spiritueller Schüler *Japa* (Mantrawiederholung) und Meditation übt. Zu seiner Überraschung entstehen schlechte Gedanken in seinem Geist. Er wundert sich: „Ich habe nicht über diese negativen Regungen meditiert. Wie können sie in mir aufkommen?" Sie waren in unsichtbarer Form bereits im Geist vorhanden und begannen nun, zusammen mit den positiven Gewohnheiten zu wachsen. Der Schüler reißt die sichtbaren unerwünschten *Vrittis* (Gedankenwellen) aus und meint, nun von allem Bösen befreit zu sein. Seine spirituelle Praxis schreitet für einige Zeit zufriedenstellend fort, bis sich die negativen Vrittis erneut mit voller Kraft manifestieren. Der Schüler wundert sich noch mehr. Er mahnt sich zur Vorsicht, da ein wenig Unachtsamkeit möglicherweise die gesamte Ernte guter Eindrücke im Geist (Samskaras) zerstören könnte. Er ist nun sehr achtsam und rottet alle niederen Gedanken an der Wurzel aus.

Mit der Zeit wachsen die guten Bewußtseinseindrücke zu starken Pflanzen heran und das Unkraut der bösen Gedanken verschwindet vollständig. Der spirituelle Sucher erlangt *Siddhis* (übernatürliche Kräfte) und erfreut sich an *Samadhi* (Überbewußtsein).

Parabeln

Gleichnis vom betrügerischen Postbeamten

Ein Dorfbewohner schrieb an seinen Sohn in der Stadt: „Bitte schicke mir jeden Monat zehn Rupien für meine Ausgaben." Der Postbeamte des Dorfes sah darin eine Gelegenheit für sich. Er fügte eine Null hinzu und machte so 100 Rupien daraus. Der Sohn sandte seinem Vater jeden Monat 100 Rupien. Unverfroren steckte der Postbeamte 90 in seine eigene Tasche und gab nur zehn an den Vater weiter. Aber bald wollte er noch mehr. Er überredete den Dorfbewohner, seinen Sohn um mehr Geld zu bitten. Dieser schrieb nun: „Bitte sende mir künftig 20 Rupien." Der Postbeamte fügte wieder eine Null hinzu und machte 200 Rupien daraus. Eines Tages kam ein Postinspektor zu einer unangemeldeten Kontrolle. Er fand einen äußerst selbstzufriedenen Postbeamten vor. Er erkundigte sich bei der örtlichen Bevölkerung und argwöhnte, daß irgend etwas nicht mit rechten Dingen zuging. Er fragte den alten Mann: „Wie hoch sind deine Ausgaben?" Dieser antwortete: „20 Rupien im Monat." „Warum schickst du deinem Vater 200 Rupien im Monat, wo er doch nur 20 benötigt?" fragte der Inspektor daraufhin den Sohn. Die Untersuchung enthüllte den Betrug des Postbeamten. Er wurde entlassen und streng bestraft. Der alte Dorfbewohner wurde fortan seiner Einnahmen nicht mehr beraubt. Das *Prana* (feinstoffliche Lebensenergie) braucht Nahrung, um den Körper zu erhalten. Die Bedürfnisse des Pranas sind sehr gering. Aber zwischen der Nahrung und dem Prana liegt die Zunge, und sie fordert sehr viel mehr! Sie fordert köstliche Gerichte und Süßigkeiten, und je mehr sie bekommt, desto größer wird ihr Verlangen.

Der Guru tritt in das Leben des Menschen und macht ihn darauf aufmerksam, daß es einigen Schwindel gibt. Und er erklärt ihm, daß nicht alles, was er ißt, tatsächlich notwendig ist für die Aufrechterhaltung des Prana. Der Dieb wird gefaßt und streng bestraft durch Fasten, salzlose Diät usw. Er wird vollständig überwunden. Der *Sadhaka* (Schüler) wird ein *Jitendriya* (jemand, der seine Sinne = *Indriyas* vollständig beherrscht).

Gleichnis vom Mann, der das Euter der Kuh abschneidet

Ein Mann hatte eine gute Kuh, die sehr viel Milch gab. Er wunderte sich sehr darüber, daß er Tag für Tag sowohl morgens als auch abends mehrere Liter Milch erhielt. Da die Milch immer aus dem gleichen Euter kam, glaubte er nun, die Kuh habe einen großen Vorrat an Milch in ihrem Euter und daß das Euter nur eine begrenzte Menge Milch auf einmal freigab. Er wollte aber die ganze Milch auf einmal haben. Eines Morgens nahm er ein scharfes Messer und schnitt das Euter ab, weil er dachte, so könne er die gesamte Milch bekommen. Was für eine Tragödie! Nicht ein Tropfen Milch war im Euter, und die Kuh verblutete.

Ein törichter Schüler auf dem spirituellen Weg findet heraus, daß *Tapasya* (Askese, Selbstbeschränkung) wunderbare Willenskraft und spirituellen Fortschritt bringt. Dieser Prozess geschieht allmählich, stetig und kontinuierlich. Der *Sadhaka* (Schüler) ist damit nicht zufrieden. Er möchte sofort die höchste spirituelle Erfahrung. Darum beginnt er, ungeeignete krankmachende Askesepraktiken zu üben. Er nimmt das scharfe Messer äußerster Strenge. Aber damit schneidet er die Wirksamkeit der Selbstdisziplin durch. Statt spiritueller Entwicklung folgen Verfall und Tod.

Praktiziere angemessene Disziplin. Folge der goldenen Mitte. Entwickle dich Schritt für Schritt und erfreue dich höchster Glückseligkeit.

Parabeln

Gleichnis vom Turban des Anwalts

Ein Anwalt verließ das Haus, um zum Gerichtshof zu gehen. Er bemerkte, daß sein Turban locker war. Beim nächsten Schritt fiel er auseinander und der ganze Turbanstoff lag auf dem Boden. Der Anwalt begann, den Turban wieder um seinen Kopf zu binden. Aber es gelang ihm nicht. Er sah sich um und entdeckte am Fuße der Treppe seines Hauses eine runde Lampe, die ungefähr so groß war wie sein Kopf. Er wickelte den Turban um die Lampe und stellte sich dabei vor, er winde den Turban um seinen eigenen Kopf. Dann nahm er den ordentlich gebundenen Turban, setzte ihn sich auf den Kopf und ging zum Gerichtshof.

Ein Mensch, der versucht, diese Welt des Leidens und Todes zu verlassen und zum Gerichtshof Gottes zu gelangen, bemerkt, daß sein Geist locker ist. Er ist aus der Form geraten und weit verstreut. Der Mensch versucht, den Stoff zu sammeln und einen wunderschönen Turban für seinen Kopf daraus zu machen, d.h., er versucht, seinen Geist einpünktig zu machen, *Samadhi* (überbewußter Zustand) und das *Sahasrara Chakra* (Kronenchakra, Energiepunkt an der Schädeldecke. Sitz des absoluten reinen Bewußtseins) am Scheitel des Kopfes zu erreichen. Aber seine Versuche mißlingen. Das Bewußtsein im *Sahasrara* ist zu subtil, so daß er es nicht sehen und seinen Geist nicht daran festmachen kann.

Er schaut sich um und sieht ein Abbild Gottes. Er stellt sich vor, dieses sei Gott oder das höchste Bewußtsein selbst. Er hält seinen Geist fest auf das Abbild gerichtet. Sobald der Geist fest auf das Idol konzentriert ist, richtet er ihn auf das Sahasrara, das höchste Bewußtsein. Glücklich nähert er sich nun dem Gerichtshof Gottes.

7. Kapitel: Die Eroberung des Geistes

Gleichnis von den hundert Kindern

In einem Dorf lebten zwei Freunde, *Rama* und *Krishna*. Sie waren Nachbarn. Rama heiratete ein nettes Mädchen, als er erwachsen wurde. Krishna blieb Junggeselle. Sie erbten beide ein großes Vermögen von ihren Eltern. Rama verdoppelte seinen Reichtum und wurde Millionär. Krishna adoptierte den Sohn seines spirituellen Lehrers und lebte zufrieden von den vorhandenen Mitteln. Trotz seines steigenden Vermögens gab es kein Glück in Ramas Haus. Ihre zahlreichen Kinder waren eine Quelle ständiger Sorge und Plage für ihn und seine Frau. Es war unmöglich, sich auf ein Kind allein zu konzentrieren. Die Kinder wurden immer ungestümer und ungezogener und kosteten bald Ramas Besitz. Wie viel er auch einnahm, es war nie genug für die immensen Ausgaben für die Familie.

Eines Tages ging er zu Krishna und fragte ihn nach dem Geheimnis seines Glücks und der himmlischen Ruhe seines Hauses. Krishna antwortete: „Ich habe nur einen Sohn." Rama und Krishna repräsentieren den menschlichen Geist. Der eine wendet sich irgend einer Liebhaberei zu und zeugt daraus tausend Sehnsüchte als Nachkommen. Die Wünsche verbrauchen rasch die Energie, die der Geist durch etwas Übung von Konzentration und Meditation gewinnt. Die Vielzahl der Wünsche macht den Geist schwach. Deshalb kann er sich nicht auf einen bestimmten Wunsch konzentrieren und diesen erreichen.

Krishna, der den Sohn seines Gurus adoptiert, ist vergleichbar mit dem Geist, der sich einen bestimmten Gedanken des Guru zu eigen macht und seine Energie und Stärke darauf konzentriert, diesen Gedanken zu entwickeln. Wo es Tausende von Wünschen gibt, kann es keinen geistigen Frieden und keine mentale Konzentration geben. Wo jedoch nur ein einziger Wunsch ist, kann sich der Geist gut darauf konzentrieren. Lerne, deine Wünsche zu reduzieren. Behalte nur einen allein und lasse diesen göttlich sein. Konzentriere den Geist darauf. Du wirst Frieden und Glückseligkeit genießen und bald dein Ziel erreichen.

8. Kapitel:
Der Weg des Weisen

Gleichnis vom Korn und vom Stroh

Der Sohn eines Landwirts begleitete seinen Vater aufs Feld. Der Vater schnitt das reife Korn, trug es zusammen und brachte es hinüber zum Hinterhof des Hauses. Dort drosch er das Getreide gut, bis sich alle Körner lösten. Sorgfältig sammelte er die Körner und bewahrte sie sicher im Haus auf.

Vater, was geschieht mit dem Stroh? Du hast es vom Feld in den Hof gebracht, aber nicht ins Haus." fragte der Junge. „Sohn, das Stroh hat seinen Zweck erfüllt. Es trägt das Korn, bis es reif ist. Sobald wir es gedroschen haben, hat das Stroh keinen Nutzen mehr für uns. Es dient jetzt nur noch als Futter für das Vieh."

Wie der Vater an den Sohn, geben die Schriften (Shastras) das Wissen über das Selbst an den Schüler (*Sadhaka*) weiter. Ist *Jnana*, Weisheit, erst erreicht, sind die Schriften für den Meister (*Siddha*) nicht mehr von Nutzen. Er bewahrt das Wissen sorgfältig im Herzen und nutzt es zum Wohl, zur Aufklärung, für andere.

Gleichnis von den vier Gelehrten

Einst mußten vier Gelehrte – ein ayurvedischer Arzt, ein Astrologe, ein Musiker und ein Logiker – einen Tag in einem Dorf verbringen. Jeder von ihnen war eine Kapazität auf seinem Wissenschaftsgebiet, aber ohne jegliche praktische Lebenserfahrung.

Nun ging es darum, Lebensmittel zu besorgen. Der Arzt wollte Gemüse kaufen. Bald kam er mit leeren Händen zurück, denn sein Wissen über die einzelnen Gemüsesorten hinderte ihn daran, eine davon auszuwählen. Die Kartoffel zum Beispiel war schädlich, weil sie Blähungen verursachen könnte, die Zwiebel machte eher träge usw. In ähnlicher Weise erwies sich jedes Gemüse als mangelhaft und keines schien als Nahrungsmittel geeignet.

Der Astrologe kletterte auf eine Kokospalme, um eine Kokosnuß zu pflücken. Während er wieder nach unten kletterte, schrie ein Esel. Er hielt sofort in halber Höhe inne, um die astrologischen Konsequenzen dieses Eselschreies zu erarbeiten.

Der Musiker kümmerte sich um den Reis. Von dem kochenden Wasser im Topf ging ein rhythmischer Klang aus. Der Musiker begann sofort, den Takt dazu zu schlagen und den Rhythmus festzulegen. Doch der Klang des kochenden Wassers wollte sich nicht an die anerkannten Gesetze der Musik anpassen. Wütend schlug er nach dem Topf. Dieser zerbrach und der Reis fiel auf den Boden.

Der Logiker war in seiner Gelehrsamkeit nicht besser. Er hatte eine Tasse voll Ghee (gereinigte Butter) besorgt. Unterwegs überlegte er, ob nun die Tasse das Ghee trage oder das Ghee die Tasse und er begann, diese Frage zu untersuchen. Im Laufe dieser Überprüfung drehte er die Tasse um.

Natürlich ergoß sich das Ghee sofort auf den Boden. Trotz seines Kummers über den Verlust gratulierte er sich zu dem, was er über Tasse und Ghee herausgefunden hatte und ging, in logische Überlegungen versunken, zurück.

Sei nicht nur gelehrt, sondern werde weise. Zusätzliches Schulwissen bringt dir kein Gramm mehr Glück. Weisheit ist Glückseligkeit. Reines Bücherwissen ist leblos. Erfahrung und wirkliche Weisheit erwirbt man durch Dienst am Guru, Studium unter seiner Führung und Befolgen seiner Anweisungen in ihrem wahren Geist.

Gleichnis vom Jungen und der Kerze

Vater und Sohn saßen in einem dunklen Raum. Der Sohn sagte: „Vater, ich fürchte mich im Dunkeln. Wie können wir die Dunkelheit beseitigen?" „Zünde die Kerze an, Sohn." Der Sohn zündete die Kerze an. „Ah, jetzt ist die Dunkelheit verschwunden, nicht wahr, Vater?" „Ja mein Sohn," antwortete der Vater. Der Sohn blies die Kerze wieder aus. „Oh, es ist wieder dunkel! Vater, ich fürchte mich." „Zünde die Kerze an, Sohn." Der Junge zündete die Kerze wieder an. „Ah, jetzt ist die Dunkelheit verschwunden." So ging es mehrmals.

Schließlich sagte der Vater: „Sohn, solange Dunkelheit herrscht, solltest du die Kerze brennen lassen. Sobald du die Kerze ausbläst, hüllt dich die Dunkelheit wieder ein. Wenn die Sonne aufgeht, brauchst du die Kerze nicht mehr. Dann hast du den ganzen Tag Licht vom höchsten Licht des Universums."

Der Schüler kommt zum *Guru*, um sich im Yoga unterweisen zu lassen und eingeweiht zu werden. Der Schüler praktiziert eine Weile lang und macht ein paar spirituelle Fortschritte. Zufrieden, scheinbar das Höchste bereits erreicht und *Maya*, die Täuschung, überwunden zu haben, hört er mit dem *Sadhana* (spirituelle Praxis) auf. Dunkelheit umgibt ihn wieder. Dies geht so weiter – Yoga kommt und geht –, bis er lernt, in seinem Sadhana unerschütterlich zu sein. Dadurch hält er die Dunkelheit von Maya fern, bis die Sonne des *Atma-jnana*, des Wissens um das Selbst, in ihm aufgeht. Mit dem Aufgehen der Sonne der höchsten Weisheit schwindet die Dunkelheit der Unwissenheit für immer und er sonnt sich im Schein von *Samadhi* (überbewußter Zustand).

Parabeln

Gleichnis von den Menschen, die vor Angst starben

Ein Reisender im mittleren Osten traf einen merkwürdigen Gesellen. „Wer bist du?" fragte er, „und wohin gehst du?" „Ich bin die Cholera. Ich werde in Ägypten fünftausend Menschen töten", sagte dieser und setzte seine Reise fort. Einige Jahre später trafen sie sich wieder. Der Reisende sagte: „Du hast mir seinerzeit erzählt, du würdest fünftausend Menschen töten. Statt dessen hast du fünfzigtausend getötet, denn es starben viel mehr." „Nein, nein", antwortete die Cholera, „ich habe nur fünftausend Menschen getötet. Die anderen starben aus Angst."

Dieses Gleichnis zeigt, wie sehr Angst ein Todfeind des Menschen ist. Neunzig Prozent unserer Sorgen und unseres Unglücks entstehen aus Angst und falscher Vorstellung. Obwohl das, was man befürchtet, sehr wahrscheinlich nie eintreten wird, raubt einem die Sorge darüber, was geschehen könnte, die Vitalität. Nur ein *Brahmavit* (ein Kenner *Brahmans*, des Absoluten) ist vollkommen frei von Furcht. Angst ist ein Produkt der Unwissenheit. Der *Atman* (das Selbst) in seiner wahren Natur ist immer frei von Furcht, Krankheit und Bindung. Verwirkliche dein wahres Selbst und überwinde so Furcht, Krankheit und Leid.

9. Kapitel:
Die Natur des Jivanmukta

Gleichnis vom Traum des Jägers

Ein Jäger legte sich schlafen. Im Traum jagte ihn ein wilder Löwe und war gerade im Begriff, ihn anzuspringen. Voller Angst schrie er laut auf. Er träumte, daß er sich bückte, um Pfeil und Bogen aufzuheben und seinem Kamerad zurief: „Gib mir Pfeil und Bogen." Während er sich so um Pfeil und Bogen bemühte, fiel er aus dem Bett. Er wachte auf. Sein Sohn, der im Nebenraum schlief, hörte seinen Schrei und die Worte: „Gib mir Pfeil und Bogen." Er wußte nicht, was los war und eilte mit Pfeil und Bogen in den Raum. Der Vater lächelte und schüttelte den Kopf: „Nein, Pfeil und Bogen brauche ich jetzt nicht. Es war nur ein Traum. Obwohl ich nun wach bin und weiß, daß es nur ein Traum war, erinnere ich mich lebhaft daran."

Ebenso läßt sich *Jiva*, die individuelle Seele, auf dem Bett eines Körpers nieder. Der Mensch träumt oder glaubt, im Wald dieser Welt umherzuwandern. Bedrohungen in Form von Krankheit, Armut, Alter usw. kommen auf ihn zu. Er weint und schreit. In solchen Situationen greift er gewöhnlich nach den Waffen der Sinnesbefriedigung, mit denen er vergeblich versucht, das Leid zu töten. Durch die Gnade Gottes kann er sich von seinem Körperbewußtsein lösen. Er erlangt *Jnana*, direktes Wissen aus Erfahrung. Seine Familie und Freunde behandeln ihn wie immer. Er jedoch lächelt und gibt den Sinnen nicht mehr nach. Er ist erwacht. Er weiß nun, daß sein bisheriges Leben in Unwissenheit ein langer Traum war, über den er jetzt lachen kann. In seiner erwachten Seele gibt es kein Leid mehr. Darum hat die Befriedigung der Sinne keine Bedeutung mehr für ihn.

Gleichnis von der Fackel im Dunkeln

Ein Mann betrat im Dunkeln sein Zimmer. Er wollte ein Licht anzünden, fand aber die Fackel nicht. Während er danach suchte, stolperte über viele Dinge und schlug sich den Kopf hier und dort an. Dann hielt er endlich die Fackel in der Hand. Kaum hat er sie angezündet, verschwindet die Dunkelheit. Jetzt kann er sich frei und leicht im Raum bewegen.

Ein spiritueller Sucher betritt die dunklen Höhlen seines Inneren, wo das Licht des Selbst zu finden ist. Während seiner Suche stolpert und fällt er und schlägt sich den Kopf hier und dort an. Und schließlich kommt der Augenblick – der größte aller Augenblicke – und das Licht befindet sich in seinen Händen. Die Unwissenheit schwindet mit einem Schlag. Das Licht des Selbst scheint auf seine Seele. Es gibt keine Kämpfe, keine Probleme mehr. Er bewegt sich frei als ein *Jivanmukta* (lebendig Befreiter).

Gleichnis vom Kind und vom Schatten

Der ältere Sohn des Hauses war in der Küche. Er glaubte, sein kleiner Bruder, der noch ein Baby war, sei allein im Zimmer nebenan. Plötzlich hörte er das Kind lachen, spielen und sprechen. Vor seinem geistigen Auge entstand das Bild eines Eindringlings, der dem Kind Süßigkeiten gibt und dabei dessen goldenen Schmuck stiehlt. Bestürzt eilt er in den Nebenraum. Dort sieht er das Kind mit seinem eigenen Schatten spielen, der sich an der Wand abzeichnet. Er ist beruhigt und umarmt das Brüderchen voller Liebe.

Ähnlich ist der weltliche Mensch mit der Befriedigung seiner materiellen Bedürfnisse beschäftigt und glaubt, der *Sadhu* (Mönch, Heiliger, Weiser) sei ein einsames Wesen in einem anderen Teil des Wohnhauses Gottes. Plötzlich hört er jede Menge Gelächter und „Leben" im Lager des *Sadhu*. In seiner Unwissenheit bildet er sich ein, der Dieb von *Maya* (Täuschung) sei ins Lager des *Sadhu* eingedrungen und habe ihn der Schmuckstücke seiner Tugenden wie *Vairagya* (Leidenschaftslosigkeit), *Viveka* (Unterscheidungskraft) und spirituelle Erleuchtung beraubt, nachdem er ihm ein wenig Bequemlichkeit und Komfort angeboten hat. Mit diesen Gedanken wirft der weltliche Mensch einen genaueren Blick auf den Sadhu. Der *Jivanmukta* (lebendig Befreite) spielt mit seinem eigenen Schatten und freut sich darüber. In seinen Augen sind alle *Jivas* (Individuen) der Welt nichts anderes als sein eigener Schatten. Weder hat er etwas bekommen noch etwas verloren.

Parabeln

Gleichnis von der Verschmutzung des Feuers

Ein Mann, der an einer schweren Krankheit litt, hatte etwas gegessen. Um zu vermeiden, daß andere sich ansteckten, warf er die Unterlage, von der er gegessen hatte, in ein Feuer, das in der Nähe brannte. Ein strenggläubiger Brahmane beobachtete das und empörte sich darüber, da er glaubte, das Feuer sei dadurch verunreinigt worden. Nun wußte der Brahmane nicht, was er dagegen tun sollte. Was tut ein Mensch, wenn er schmutzig ist? Er gießt sich Wasser über den Kopf. So schüttete der Brahmane nun Wasser in das Feuer, um es zu reinigen. Das Feuer ging prompt aus und der Abfall, den es verbrennen sollte, blieb übrig. Ein anderer Brahmane wies ihn zurecht: „Was für einen Schaden hast du angerichtet! Wie könnte Feuer, der Läuterer von allem, je beschmutzt werden? Der Mann hatte vollkommen recht, denn er wollte die Gemeinschaft vor Ansteckung schützen. Das Feuer verbrennt die Krankheitskeime. Durch deine fixe Idee, das Feuer sei verunreinigt, hast du die großartige Reinigungsarbeit, die das Feuer vollbringt, zunichte gemacht." Der weise Brahmane brachte das Feuer wieder in Gang und ließ den Abfallhaufen zu Asche verbrennen.

Das Feuer ist mit einem *Jivanmukta* (lebendig Befreiter) vergleichbar. Er verbrennt in allen Wesen das Sündhafte und Böse. Sein Licht strahlt hell, verbrennt die Sünden der Menschen und transformiert sie zur reinen Asche des Wissens (*Jnana*). Ein für seine Bösartigkeit bekannter Mensch kommt zu ihm. Um seinen Segen zu erlangen, bietet er dem *Jivanmukta* seinen Reichtum oder sein Haus an. Wenn der weltliche, rechtgläubige Mensch das sieht, zerbricht er sich den Kopf darüber. Er fürchtet, der *Jivanmukta* könne von den Sünden des Schurken befleckt werden. Er glaubt tatsächlich, der *Jivanmukta* selbst sei nun zu einem bösen Menschen geworden! Infolge dieser Unterstellung behandelt er den *Jivanmukta* nicht mehr ehrerbietig, so daß dieser den Ort verläßt. Was ist die Folge?

9. Kapitel: Die Natur des Jivanmukta

Der böse Mensch, der gerade angefangen hat, sich durch die göttliche Präsenz des *Jivanmukta* zu bessern, übernimmt wieder Vorherrschaft. Die rechtschaffene Ordnung ist wieder gestört. Ein weiser Mensch betritt diese Szenerie und tadelt den orthodoxen, törichten Menschen. Er sagt: „Wie töricht von dir, zu glauben, daß der *Jivanmukta* von der Schlechtigkeit des Schurken beschmutzt werden könnte! Was weißt du von der alles läuternden Natur des lebendig Befreiten? Nichts kann ihn beflecken. Er verweigert niemandem seinen Segen. Er vernichtet glücklich und freudig die Sünden aller. Der böse Mensch hatte recht, bei ihm Zuflucht zu suchen, ihm sein Vermögen und sein Haus zu überlassen. Der *Jivanmukta* läutert alles. Nun hast du ihn vertrieben und damit unsagbares Leid über die gesamte Gemeinschaft gebracht." Er holt den *Jivanmukta* zurück und dieser fährt fort in seiner Mission, die Seelen der Menschen zu läutern.

Gleichnis von den Kühen und den Kratzpfeilern

Die Kühe eines Dorfes wurden jeden Tag auf die Weide gebracht. Wenn sie dann stundenlang gegrast hatten, versammelten sie sich um den Kuhhirten, um sich den Nacken kratzen zu lassen. Der Kuhhirte schuf zu diesem Zweck einen Pfeiler mit einer leicht angerauhten Oberfläche. Nun konnten die Kühe ihren Nacken daran reiben und kratzen.

Ein *Jivanmukta* führt viele *Jivas* (Einzelseelen, Individuen) zu den reichhaltigen Weidegründen des *Sadhana* (spirituelle Praxis) mit dem Ziel der Gottverwirklichung. Sie können aber nicht 24 Stunden lang in Meditation versunken sitzen. Das *rajasige* (aktive) Temperament läßt sie rastlos werden und sie suchen ein Betätigungsfeld für dieses „Nervenjucken". Darum gründet der *Jivanmukta* eine Institution, in der diese Menschen beschäftigt sind. Der *Jivanmukta* beobachtet all dies mit Freude und Befriedigung, ohne an die Einrichtung verhaftet zu sein, die nur zum Nutzen der strebenden Seelen geschaffen worden ist.

Teil 2
Andere Gleichnisse

Parabeln

Gleichnis von König Janaka und den Schriftgelehrten

Einige *Pandits* (Schriftgelehrte) kritisierten: „König Janaka ist ein weltlicher Mensch. Wie kann er ein Weiser oder ein Heiliger sein?" König Janaka wollte ihnen eine Lehre erteilen. Er rief alle Gelehrten zusammen und richtete ein großartiges Fest für sie aus. Viele schmackhafte Gerichte wurden aufgetragen. Doch zu ihrer Verwunderung schwebte über ihnen ein Schwert, das nur an einem Haar hing. Zitternd griffen sie bei den Speisen zu und verzehrten sie hastig.

Nach der Feier versammelten sich alle am Königshof (*Durbar*). König Janaka fragte: „Nun, habt ihr gut gegessen? Waren die Gerichte nach eurem Geschmack?" Die *Pandits* antworteten: „Wir können uns an nichts anderes erinnern als an das Haar. Wir konnten immerfort nur daran denken."

Janaka sagte: „Oh, ihr Gelehrten, genauso ist es um meinen Geist bestellt. Er richtet sich nur auf *Brahman* (das Absolute) und weiß nichts von dieser Welt." Beschämt senkten die Gelehrten den Kopf. Sie verstanden, was es bedeutet, ein *Jivanmukta* (lebendig Befreiter) zu sei. Dieser erfüllt nur äußerlich seine täglichen Pflichten, denn sein Geist ist nicht von dieser Welt, sondern mit dem Absoluten vereint.

Gleichnis von der alten Frau und der Nadel

Eine alte Frau suchte draußen im Mondschein nach etwas. Ein Mann fragte sie: „Sag mir, was suchst du denn?" Sie antwortete: „Ich habe im Haus eine Nadel verloren. Da es drinnen jedoch dunkel ist, suche ich sie hier."

Weltliche Menschen sind wie diese alte Frau. Sie suchen in der sichtbaren Welt ihr Glück, wo es aber nie existiert. Schaue statt dessen in dich hinein, indem du deinen Geist kontrollierst und du wirst das Glück in deinem eigenen Selbst finden.

Parabeln

Gleichnis von der Schwiegermutter und dem Bettler

Ein Bettler kam zu einem Haus, als die Hausherrin gerade nicht da war. Die Schwiegertochter weigerte sich, ihm Almosen zu geben. Also ging er wieder. Auf der Straße traf er die Schwiegermutter. Er erzählte ihr, daß die Schwiegertochter ihm nichts gegeben habe. „Dazu hat sie kein Recht," brauste die Schwiegermutter auf, „komm mit mir." Voller Erwartungen kehrte der Bettler mit ihr zum Haus zurück. Als sie nun dort ankamen, drehte sich die Frau um und sagte: „Geh deines Weges. Ich möchte dir auch keine Almosen geben. Aber in diesem Haus habe nur ich das Recht, sie dir zu verweigern, und nicht meine Schwiegertochter."

So ist es auch, wenn ein Mensch sich voll Überdruß von den weltlichen Dingen abwendet. Der spirituelle Lehrer beauftragt ihn, nicht untätig zu bleiben und der Welt nicht zu entsagen. Im Gegenteil, der Meister predigt sogar Geschäftigkeit, als sei die Welt Realität! Er weist den *Sadhaka* (spiritueller Schüler) an, zu arbeiten, allen zu dienen und alle zu lieben, so als existierten die „Vielen" tatsächlich. Wenn die Zeit reif ist, erlangt der Schüler die Selbstverwirklichung. Erst dann kann er die weltlichen Dinge endgültig und wahrhaftig aufgeben und geht im Bewußtsein des Einen völlig auf. So entwickelt sich die Entsagung aus der Selbstverwirklichung heraus. Dann erst steht es in seiner Macht, der Welt und ihrem Trubel zu entsagen. Er hat das allem innewohnende eine Selbst erkannt. Das Motiv des Aspiranten ist *Ajnana-Vairagya* – Wunschlosigkeit, die durch die schmerzvolle Natur der Welt erzeugt wurde. Der Heilige hat *Jnana-Vairagya* (Entsagung aus Erkenntnis und Wissen heraus) erlangt, weil er die wesentliche Natur des einen Selbst erkannt hat, welches das eine, unteilbare, alles durchdringende Bewußtsein ist, die große, allem innewohnende Präsenz. Hat man dies erreicht, so ist man am Ziel seiner Wünsche angelangt.

Gleichnis vom gewährten Wunsch

Einst lebte ein junger Mann in einem Dorf in der Nähe des Tempels. Er entwickelte Liebe zu Gott um des Prasads und des Läutens der Glocken willen. Seine Gottesliebe war unschuldig und kindlich. Er hielt die in Stein gemeißelten Statuen für Gott und betete zu ihnen: „Oh Gott! Gewähre mir, was immer und wann immer ich etwas möchte. So werde ich immer glücklich und dir für immer dankbar sein." Das war sein ständiges, einziges Gebet.

Über diese Hingabe höchst gerührt, erschien ihm eines Nachts Gott im Traum und fragte: „Du kannst zwischen zwei Wünschen wählen: Jeder Wunsch, den du hast, um deine Bedürfnisse zu befriedigen, wird dir dein Leben lang erfüllt bis zu deinem Ruhestand. Im Alter wird es dann niemanden mehr geben, der dir helfen kann. Oder möchtest du ein sorgenfreies, glückliches Leben als Bettler, wo du jeden Tag eine Kleinigkeit zu essen sowie die notwendige Kleidung und ein Obdach hast?"

In der natürlichen Verblendung der Jugend antwortete er: „Oh Herr! Ich ziehe das erste vor." Gott gewährte es ihm. Grenzenlos war daraufhin die Freude des jungen Mannes. Er dachte, er würde glücklich sein, wenn er alles, was er wollte, umgehend bekam.

So betete er beispielsweise: „Oh Gott! Gewähre mir eine gute Ausbildung ohne Anstrengung" und sogleich wurde diese ihm gewährt. Dann bat er etwa: „Oh höchster Gott! Lasse mich jeden Tag köstliche Speisen aus allen Teilen des Landes genießen, wie *Pak* aus Mysore, *Rasagulla* aus Bengalen, *Laddus* aus Sandilla usw." Gott sagte: „So sei es. Du sollst sie sofort haben." „Oh Allmächtiger! Gestatte mir, mich an Frau und Kindern zu erfreuen. Ich habe ein starkes Bedürfnis zu heiraten. Kümmere dich um meine häusliche Bequemlichkeit." Auch dies gewährte ihm Gott. Wieder nach einiger Zeit: „Oh süße Vorhersehung! Ich möchte nach *Badrinath* (Pilgerort im Himalaya) gehen. Sei so freundlich, sorge für meinen Körper und statte mich mit allem Notwendigen aus." Und Gott antwortete: „In Ordnung. Nimm deine Sachen mit, Kleidung, Geld, und was sonst du noch benötigst."

Im Laufe der Zeit wurde der Verehrer richtig aufgeblasen vor lauter Stolz und begann, Gott selbst Befehle zu erteilen: „Oh Gott der Götter! Mache mich zum Herrn über Dich." Gott, der seinen Wunsch schon vorher erraten hatte, zog sich zurück, um keine Antwort geben zu müssen.

So vergingen die Jahre. Je mehr Wünsche erfüllt wurden, um so mehr forderte er. Gott aber wollte, daß der Mann sich ihm zuwende. Er ließ ihn die Bedingung vergessen, die ursprünglich an die Wunscherfüllung gebunden gewesen war. Als sich das Alter und der Ruhestand näherten, brachte er den Mann dazu, ein letztes Mal zu fragen: „Oh Gott! Meine Jahre schwinden. Meine Frau ist alt und verhärmt, gleichgültig und unzugänglich geworden. Meine Kinder gehen ihre eigenen Wege. Dennoch möchte ich mich weiter am Leben erfreuen, nun, da mir nur noch wenige Jahre verbleiben. Ich möchte das Leben genießen und meine Herzenswünsche befriedigen, bevor ich diesen Körper verlasse." Da sagte Gott: „Dein Wunsch soll sich erfüllen." Daraufhin führte er ein unbekümmertes, ausschweifendes Leben aus Angst, etwas ungenutzt vorbeigehen zu lassen. Schließlich wurde er unheilbar krank. Jeden Tag klagte, weinte und schrie er nun. Es gab niemanden, der ihm hätte helfen können. Die verfluchten Tage waren da.

Weinend und klagend beschloß er zuletzt, sein Leben durch einen Sprung von der Brücke in der Nähe des Dorfes zu beenden. Mitten in der Nacht tastete er sich dorthin. Er verfluchte sich, daß er damals im Traum nicht den zweiten ihm angebotenen Weg gewählt hatte. Er brachte sein Herz nochmals Gott dar und machte sich daran, im nächsten Moment hinunterzuspringen. Doch plötzlich spürte er, wie er von hinten unwiderstehlich zurückgezogen wurde. Es war jedoch niemand zu sehen. Als er sich wütend und widerwillig, voll Kummer und Enttäuschung, umdrehte, sah er etwas entfernt ein loderndes Feuer. Dieses zog ihn magisch an. Es war, als riefe jemand von dort ihn. Er ging auf das Feuer zu. Auf dem Weg trat er auf eine kriechende, sich windende Schlange. Er zündete ein Streichholz an – und siehe da, es war gar keine Schlange, sondern ein Seil. Er verfluchte sich und Gott, weil damit eine weitere Chance, sein Leben loszuwerden, vertan war. Er schritt weiter auf das Feuer zu, das mit jedem Schritt an Intensität zunahm. Die Morgendämmerung war bereits nahe. Noch einmal faßte er den Entschluß, sich in einem nahe gelegenen Brunnen zu ertränken. Als er die Feuerstelle erreichte, verschwand diese.

Ein *Sadhu* (Mönch, Heiliger, Einsiedler) mit einem leuchtenden, strahlenden Gesicht kam aus einer kleinen Hütte und sagte: „Das Leben ist nicht dazu da, vorsätzlich zu sterben. Wie unwissend, zu versuchen, dir selbst ein Ende zu machen! Gib diese Idee auf. Bat ich dich nicht in jener Nacht, zwischen der lebenslangen Erfüllung deiner Wünsche bis ins Alter und einem glücklichen, wunschlosen, asketischen Leben zu wählen! Ändere dich wenigstens jetzt noch. Kein Mensch voller Wünsche ist jemals glücklich. Wünsche vervielfältigen sich ständig. Das Geheimnis der Erfüllung von Wünschen liegt darin, keine Wünsche zu haben. Ich habe Mitleid mit dir. Gehe zu dem Bach dort und nimm ein Bad. Es ist jetzt *Brahmamuhurta* (frühe Morgenstunden zwischen ca. 3-6 Uhr morgens. Diese Zeit gilt als besonders geeignet zum Meditieren). Beeile dich. Ich werde dich in das Wissen um *Brahman*, das Absolute, einweihen, das dich wunschlos und frei von Krankheit macht und durch das du eins wirst mit mir. Setze dich zu mir und bete. So wirst du in vollkommener Glückseligkeit erstrahlen."

Mit diesen Worten schickte ihn der *Sadhu* zum Bach. Als er zurückkehrte, fand der alte Mann weder die Hütte noch den Einsiedler vor. Statt dessen lagen neben der Feuerstelle ein Bettelstab (*Hamsa Danda* = Stab eines Wandermönchs), eine Bettelschale (*Kamandalu*), ein Lendenschurz (*Kaupeen*) und ein Hirschfell, in Form eines „*Om*" angeordnet. Vergeblich suchte er den *Sadhu*. Niedergeschlagen und verwirrt, mit seiner Weisheit am Ende, wußte der Mann nicht mehr, was tun. Da vernahm er eine Stimme von oben: „Geliebtes Selbst! Ich helfe allen, die in Not sind, wo immer sie sich befinden, durch mein Leuchten und meine Ausstrahlung. Das Feuer, das du von der Brücke aus gesehen hast, war ich selbst. Ich bin du. Aber du bist nicht ich. Ich bin in dir, Ich bin mit dir und Ich bin um dich herum. Fürchte dich nicht. Erinnere dich immer an Mich. Ich werde dich zu Mir führen. Es gibt nichts, wovor du dich fürchten müßtest. Ich weiß, was in dir vorgeht. Ich werde dich Eins mit Mir machen, so daß du das Feuer und der Glanz wirst, die du gesehen hast."

Nun erkannte der Mann den Willen Gottes in den dort liegenden Gegenständen, den typischen Kennzeichen eines Entsagten (*Sannyasin*). Er nahm ein Leben als *Sannyasin* auf, um *Om* zu wiederholen und eins mit *Om* zu werden.

Gleichnis vom Sadhu und dem Schwert

Ein König durchquerte den Dschungel. Unterwegs wurde er außerordentlich durstig und hatte auch das Bedürfnis nach einem erfrischenden Bad. Er kam zur Einsiedelei eines alten Asketen, den er fragte: „Gibt es hier in der Nähe einen Fluß oder einen See, wo ich ein Bad nehmen und mich erfrischen kann?" „Ja, etwa einen Kilometer von hier gibt es einen Fluß mit kühlem, erfrischendem Wasser. Das Wasser ist auch läuternd und heilig." „Kann ich mein Gepäck so lange hier lassen? Es wäre sinnlos, das alles mitzunehmen." „Ja natürlich, lasse es hier. Oh, was ist das für ein glänzendes Ding?", fragte der Asket, als der König ihm die goldene Scheide seines Schwertes gab. Der König zog das funkelnde Schwert aus der Scheide, und der Einsiedler bewunderte es in kindlicher Einfalt. Der König sah, daß der Einsiedler in seinem ganzen Leben noch kein Schwert gesehen hatte. Bevor er ging, warnte er ihn: „Bitte sei vorsichtig damit."

Das Schwert interessierte den Einsiedler. Er versuchte, seine Eigenschaften herauszufinden. Er nahm es aus der Scheide, und legte es auf den Boden. Dabei schnitt es sofort tief in das weiche *kusha*-Gras, auf dem er saß. Der Asket wurde neugieriger. Er nahm das Schwert in die Hand und schlug auf eine Wassermelone, die dadurch zweigeteilt wurde. Zwei Rehe rannten an der Hütte vorbei. Der Einsiedler warf das Schwert nach ihnen. Eines wurde getroffen und war sofort tot. In diesem Augenblick kam der König zurück. Ungehalten darüber, daß der Asket die Waffe auf diese Art mißbraucht hatte, ließ sich seine *Kshatriya* (Krieger)-Natur zu einigen scharfen Worten hinreißen. Daraufhin stürmte der Einsiedler mit dem Schwert auf den König zu. Aber der weise König schoß einen Pfeil auf ihn ab und verletzte die Hand, die das Schwert hielt. In diesem Augenblick erkannte der Einsiedler den schrecklichen Fehler, den er beinahe begangen hätte.

So praktiziert auch ein *Yogi* (jemand, der Yoga übt) tiefe Meditation. Er macht Fortschritte im *Raja Yoga* (Yoga der Geistesbeherrschung) und nach einiger Zeit der Praxis bringt ihm das einige wunderbare *Siddhis* (übernatürliche Kräfte) ein. Der Yogi setzt sie zunächst für einfache und harmlose Zwecke ein. Er findet heraus, daß diese Kräfte ihn von einfachen Leiden befreien können. Er kann wilde Tiere unter seine Kontrolle bringen, so daß sie ihn nicht verletzen. Er ist auch in der Lage, manche Menschen zu beeinflussen und sie dazu zu bringen, ihm zu dienen. Von einem Experiment zum anderen macht er Fortschritte im Gebrauch seiner psychischen Kräfte. Nun stellt er fest, daß diese seine Kräfte enorm sind und hört mit seinem *Sadhana* (spirituelle Praxis) und seinem *Tapasya* (Asketepraktiken) auf, und stürzt sich kopfüber in den Abgrund der Täuschung. Er durchschneidet die Lebensader des Yoga selbst und zerstört das *Sadhana*, dem er seine Kräfte verdankt. Aber zur rechten Zeit steigt die göttliche Gnade herab und entfernt die Ursache in ihm, die ihn von seinen Kräften Gebrauch machen ließ. Der *Yogi* erkennt seinen ernsten Fehler und hat von nun an kein Verlangen mehr nach *Siddhis*. Er gelangt zu höchstem Frieden.

Gleichnis vom Jungen, der die Uhrzeit nicht lesen konnte

Ein Mann fragte einen Jungen: „Mein Kleiner, sage mir, wie spät ist es?" „Onkel, ich kann die Uhr nicht lesen." „Ich verstehe. Seit wann kannst du sie schon nicht lesen?" Der Junge schwieg, denn er konnte diese Frage nicht beantworten. „Gott weiß es, Onkel," erwiderte er schließlich.

Manche Menschen, die stolz auf ihren Intellekt sind, fragen die einfachen Heiligen: „Seit wann verschleiert *Avidya* (Unwissenheit) die Wahrheit, oder wann ist *Avidya* entstanden?" Das sind transzendentale Fragen, die nicht zu beantworten sind. Schweigen ist die einzige Antwort. „Nur Gott weiß es."

Gleichnis vom Vogel und der Baumwollkapsel

Ein Vogel hatte sein Nest auf dem Zweig eines Baumwollbaumes gebaut. In der Nähe des Nests hing eine unreife Frucht. Jeden Tag schaute der Vogel nach ihr und dachte: „Sobald sie reif ist, werde ich sie essen." Er wartete und wartete. Eines Tages, als der Vogel wieder einmal verlangend danach schaute, sprang die Kapsel plötzlich auf und die Samenbällchen flogen davon! Der Vogel war sehr enttäuscht.

Ein junger Mensch denkt, er wird im Alter Yoga praktizieren. Aber die Tage vergehen. Schließlich verläßt das Leben seinen Körper. Er hat umsonst gelebt. Darum nimm dein Leben jetzt in die Hand und verschiebe nichts.

Gleichnis vom Mann im Maul der Pythonschlange

Zwei Männer waren hintereinander auf einem Dschungelpfad unterwegs. Der Vordere wurde plötzlich von einer riesigen Pythonschlange angegriffen, die sich um ihn wand und ihn verschlang. Der zweite Mann blieb zögernd stehen. Der erste Mann, der bereits zur Hälfte von der Python verschlungen war, rief ihm zu: „Du Narr, warum stehst du da und zögerst? Komm, ich bin da, um dich zu führen und zu beschützen!"

Der Mensch wird von der riesigen Python namens *Maya* (Illusion, Täuschung) ergriffen. Obwohl sie ihn verschlingt, ist seine Verblendung so groß, daß er damit prahlt, andere beschützen und ihnen zum Glück verhelfen zu können!

Parabeln

Gleichnis vom Studenten und dem Engel

Es war einmal ein Student, der gewöhnlich bis spät in die Nacht hinein über seinen Büchern saß und arbeitete. Da er sehr arm war, hatte er große Mühe, Geld für Bücher und Öl für seine nächtlichen Studien aufzubringen. Eines Nachts schlief er während seiner Studien vor Müdigkeit ein. Da hatte er im Traum eine Vision eines himmlisches Wesen, das ihm sagte: "Öffne den Mund, und ich werde eine Pille mit dem gesamten Wissen des Universums hineinlegen. Dann bist du alle deine Probleme los und kannst dich in Frieden ausruhen." Aber der Student erwiderte: „Ich möchte nicht das gesamte Wissen des Universums in meinem Mund. Sei nur so großzügig, mich mit Öl für meine Studien zu versorgen." So endete die Vision, und der Junge wurde durch seine eigenen Bemühungen zu einer der größten Persönlichkeiten seines Zeitalters.

Ein *Sadhaka* (spiritueller Aspirant) sollte dieselbe Gesinnung haben. Nur dann wird er rasch den Gipfel des Wissens erlangen. Eine Mutter kann ihrem Sohn Nahrung geben, aber sie kann nicht für ihn verdauen. Ein Lehrer oder Führer kann den richtigen Weg zeigen, aber gehen muß man ihn selbst.

Erwarte nicht, Wissen ohne jegliche eigene Anstrengung zu erlangen. Das ist nur ein Traum. Allein die aufrichtige Bemühung vermag die Gnade des Guru oder Gottes anzuziehen. Wer vor Schwierigkeiten flieht, wird niemals frei von ihnen. Doch wer sich ihnen mutig stellt, wird sie überwinden können und noch in diesem Leben höchsten Frieden und Glückseligkeit erlangen.

Gleichnis vom Wasser und vom Feuer

Einst trafen sich Feuer und Wasser an den Ufern des Ganges, um den Jahrtausende alten Zwist, wer von ihnen mächtiger sei, auszutragen. Das Wasser machte seine Tapferkeit geltend, und führte zahlreiche Situationen an, die seine Fähigkeit unter Beweis stellten, selbst große Feuer zu löschen. Das Wasser argumentierte, das Feuer könne ihm gar nichts anhaben, außer wenn es, das Wasser, sich in kleinen Gefäßen befinde.

Diese Andeutung nahm das Feuer auf, wohl wissend, daß es keinen direkten Sieg über das Wasser gewinnen könne. Es begann zunächst über die Großartigkeit des Wassers zu sprechen und sagte anschließend: „Mein liebes Wasser, schau, wie schmutzig es um dich herum ist. Warum gehst du nicht in dieses wunderschöne goldene Gefäß, so daß du für immer rein und sauber bleibst?" Das Wasser ließ sich verlocken. Sobald es in den goldenen Kessel gesprungen war, brachte das Feuer es mit aller Kraft zum Kochen. Zunächst empfand das Wasser die Wärme noch als behaglich. Als jedoch der Siedepunkt erreicht war, fühlte das Wasser die Qual und begann, über seine Torheit zu brüten.

Deine reinen Gedanken, dein unterscheidender Intellekt, deine Vernunft, dein Streben nach Befreiung (*Mumukshutwa*) und deine Liebe zur Seele, zum Spirituellen, sind wie das Wasser. Nichts kann es beflecken, solange es seines eigenen Weges geht. Es ist immer rein und sauber. Es hat die Kraft, alles zu reinigen.

Dein Anhaften an den Körper und weltliche Dinge ist wie das Feuer. Feuer ist wild. Es ist genauso machtvoll wie Wasser. Wenn eines von beiden das andere übertrumpft, rächt sich das Unterlegene, denn es hat die Macht, ersteres zu foltern.

Oh Mensch, schütze und sichere deinen Wunsch nach Befreiung (*Mumukshutwa*), deine Vernunft, deine Unterscheidungskraft. Sie sind mächtig.

Die Liebe zum Körper verlockt dich, ein wenig Bequemlichkeit zu suchen. Du fühlst dich behaglich und glaubst, du seist nicht an die Annehmlichkeiten gebunden. Die äußeren Annehmlichkeiten werden allmählich größer und größer, und sie werden wärmer und wärmer wie das Wasser. Du fühlst dich gut. Aber wenn es zum Siedepunkt kommt, dann spürst du es. Du wirst zu einem Sklaven des Komforts. Du verlierst deine Kraft und Fähigkeit, das Feuer der Lust, der Gier usw. zu löschen. Kurz gesagt, du bist verloren.

Höre nie, niemals, auf die Stimme der Sinne. Sei vorsichtig. Lasse die höchste Kraft deiner Bestrebung sich behaupten, deine Liebe zur Seele. Dann wirst du unberührt bleiben vom Feuer, der niederen Natur in dir, den alten, negativen *Vasanas* (Neigungen).

Gleichnis vom Opiumraucher und dem Spiegelbild des Mondes

In einer mondhellen Nacht waren drei Opiumraucher auf der Suche nach Feuer, um ihre Zigarren anzuzünden. Sie kamen an einen Fluß. Das Mondlicht spiegelte sich in den kleinen Wellen und erschien ihnen wie Feuer. Sie schickten einen von ihnen hinunter, um ein Holzkohlenstück anzuzünden. Dieser ging ans Flußufer und hielt die Holzkohle an die kleinen Wellen. Aber die Kohle blieb kalt. Er kehrte unverrichteter Dinge zurück. Die anderen machten ihm Vorwürfe. Er hätte halt näher herangehen sollen, das Feuer sei nur ein bißchen weiter weg gewesen. Nun machte sich der zweite auf, um die Holzkohle zu entzünden. Er ging ein Stück weit in den Fluß hinein, mußte jedoch ebenfalls erfolglos zurückkehren. Der Dritte, der sich für den Klügsten hielt, ging bis zur Mitte des Flusses, aber es gab dort kein Feuer. Er mußte ebenfalls erfolglos aufgeben.

Die Natur von *Samsara* (Kreislauf von Geburt und Tod) ist wie die des täuschenden Feuers. In der Nacht der Unwissenheit suchen die Menschen, die durch das Opium der Wünsche berauscht sind, nach momentanen Vergnügungen. Die Wünsche erschaffen wirkliche *Karmas* (Ursachen und Wirkungen), welche die individuelle Seele an die Erdebene binden. Das sinnliche Vergnügen ist nur eine Widerspiegelung von *Satchitananda*, reinem Sein, Wissen und Glückseligkeit. Solange sie diese mystische Erfahrung nicht selbst gemacht haben, laufen die Menschen, die Jivas, den täuschenden Dingen der Welt hinterher und halten sie für real. Man mag vielleicht mehr wissenschaftliche Fakten über das Universum der Erscheinungen kennen und damit prahlen, mehr zu wissen als die Vorfahren. Aber das ist sinnlos. Jemand, der bis zur Mitte des Flusses geht, um die Holzkohle anzuzünden, ist genauso unwissend wie derjenige, der am Ufer bleibt und es dort versucht.

Nur der besitzt wirkliches Wissen, der nicht das Spiegelbild, sondern den Mond selbst kennt. Allein derjenige hat Wissen, der die Nutzlosigkeit der Sinnesvergnügen kennt und auch die trügerische Natur des Universums. Alles ist reines Sein, Wissen und Glückseligkeit; scheinbare Unterschiede entstehen nur aus *Avidya*, Unwissenheit. Ein Kenner *Brahmans*, des Absoluten, der die Unwissenheit überwindet, wird selbst zu *Brahman*.

Gleichnis vom armen Ehepaar

In einem Dorf lebte ein sehr glückliches, aber armes Ehepaar. Manchmal drängte die Frau den Mann, mehr für den Lebensunterhalt zu beschaffen, damit sie ein annehmbares Leben führen könnten wie die anderen Dorfbewohner auch. Der Mann antwortete jedes Mal, daß Gott sie am meisten von allen liebe und ihnen deshalb diese Armut geschickt habe. Mit Schmeichelei, Koketterie und Tränen machte die Frau den Mann mit der Zeit zu einem Sklaven. Eines Tages schickte sie ihn zu einem seiner wohlhabenden Freunde und sagte ihm, er solle dem Freund eine Handvoll Wasser als Gastgeschenk anbieten. Da der Mann keine Alternative sah, tat er genau das. Sein großzügiger Freund, der sehr wohl wußte, wie arm er war, belohnte die Hände reichlich, die ihm ein bißchen Wasser mit Liebe und Hingabe gegeben hatten. Der arme Mann jedoch verlor seine Hingabe und überlegte: „Wenn ein wenig Wasser so viel einbringt, wieviel mehr hätte ich wohl erhalten, wenn ich einen ganzen Eimer Wasser dargebracht hätte!"

Die *Buddhi* (Intellekt, Unterscheidungskraft) ist in diesem Beispiel wie der Ehemann, der physische Körper wie die Ehefrau. Es ist ihnen bestimmt, glücklich zusammenzuleben als Mann und Frau. Jeder von ihnen hat gewisse Pflichten und Verantwortlichkeiten. Wenn aber die Frau klagt und Tränen vergießt, das heißt, der Körper seine Bequemlichkeit wünscht, verliert der Mann (der Intellekt) den Verstand. Er versucht, es ihr so angenehm wie möglich zu machen, gehorcht ihr willig und vergißt dabei seine Pflicht und Redlichkeit.

Auch dein Körper sehnt sich nach ein bißchen Bequemlichkeit. Deine *Viveka*, die Unterscheidungskraft, versucht, ihn zu überzeugen, daß dies nicht wichtig und nicht von Dauer ist. Aber schließlich gibst du nach und erlaubst ihm ein wenig Freiheit und Wahl. Statt die Wünsche zu kontrol-

Parabeln

lieren, beruhigst du sie. So wirst du selbst ein Opfer der Ansprüche des Körpers.

Oh Mensch, wache auf. Erlaube deiner Unterscheidungskraft nicht, ein Sklave deiner Liebe zum Körper zu werden. Lasse die Forderungen deines Körpers nach äußeren Annehmlichkeiten nicht die Oberhand gewinnen. Gibst du erst einmal nach und gewöhnst dich daran, ist es sehr schwierig, dich gegenüber deiner niederen Natur zu behaupten.

Du kannst dich nicht von deinem Körper scheiden lassen. *Viveka* (Unterscheidungskraft) und *Vichara* (Fragen nach dem Sinn des Lebens) sind nur in einem menschlichen Körper möglich. Der Körper ist nicht nur dazu da, dir sinnliche Vergnügen zu bereiten. Er ist ein Ausdruck der Herrlichkeit der Schöpfung Gottes und ist dir behilflich, Gott zu erkennen. Nutze diesen Körper, um Gott zu verwirklichen, ohne ein Sklave des Körpers zu werden.

Teil 2: Andere Gleichnisse

Gleichnis vom Lieblingskind

Eine Mutter stellte einen Privatlehrer für ihren ungezogenen Lieblingssohn an. Da sie es nicht ertragen konnte, wenn der Lehrer mit dem Jungen schimpfte, stellte sie nach einer Weile einen anderen Lehrer ein. Der neue Lehrer schlug den Jungen, um ihn zurechtzuweisen und zu erziehen. Die Mutter wünschte sich zwar ein besseres Betragen ihres Sohnes, konnte jedoch den Anblick nicht ertragen, wenn er unter schwierigen Aufgaben und Strafen litt. Sie wollte ihn auch nicht in die Schule schicken, da dies bedeutet hätte, sich stundenlang von ihm zu trennen. All ihre Bemühungen waren darauf ausgerichtet, den Jungen äußerlich anziehend und nett zu machen.

Ein Lehrer nach dem anderen kam und ging, aber der Junge blieb wie er war. Er entwickelte sich zu einem gutaussehenden jungen Mann. Aber er konnte nicht mithalten, da er weder Intelligenz noch Geld besaß, noch Fähigkeiten hatte, etwas zu arbeiten, noch gute Manieren, die ihm gestattet hätten, mit den Familienmitgliedern gut auszukommen und in der Gesellschaft einen Platz einzunehmen. Die Menschen urteilten abfällig über ihn und nahmen ihn nicht ernst. Er war weder für sich selbst noch für die Welt als Ganzes von Nutzen.

Deine spirituellen Bestrebungen sind wie die Mutter. Dein Körper und deine Gewohnheiten sind wie der ungezogene Sohn. Du wünschst dir, ein großer spiritueller Held zu sein. Du wechselst von einem Lehrer zum anderen, weil du nicht die Disziplin aufbringst, die Anweisungen des Lehrers geduldig zu befolgen. Du möchtest deinen Körper nicht anstrengen. Du glaubst, wenn du nach außen eine gute Figur machst – zum Beispiel mit einem schönen Körper, mit Bart und Locken –, wird man dich für einen guten Menschen halten. Deine Bindung an den Körper ist so groß, daß du ihn keine Minute lang vergessen kannst, um zu meditieren.

Während du von einem Lehrer zum nächsten gewechselt hast, hast du überhaupt nichts aufgenommen! Ein rollender Stein setzt kein Moos an!

Deshalb übe spirituelle Praktiken, solange du noch jung bist. Höre auf, dich mit diesem Körper zu identifizieren. Sei am Anfang ein bißchen hart zu dir selbst. Es ist keine wirkliche Härte im Vergleich zu der Glückseligkeit, die du ernten wirst.

Gleichnis vom Lehmpferd

Ein intelligenter junger Mann hatte sein Fahrrad in ein wunderschönes Pferd aus ungebranntem Lehm verwandelt. Wenn er mit dem Fahrrad fuhr, sah es so aus, als reite er auf dem Lehmpferd. Er tat auch so, als sei dieses Lehmpferd mit besonderen Kräften ausgestattet und könne alles, was echte Pferde auch tun. Des öfteren ritt er so mit seinen Kameraden und deren echten Pferden aus. Eines Tages mußten sie einen Fluß durchqueren. Der Mann mit dem Lehmpferd dachte: „Wenn Töpfe ins Wasser gestellt werden, macht ihnen das nichts aus. Daher wird das Wasser auch meinem Pferd nichts ausmachen. Ich kann also den Fluß ohne weiteres überqueren." Er ging in die Strömung hinein. Als er etwa in der Mitte war, fiel das Lehmpferd in sich zusammen und der Reiter ertrank.

Mit ein wenig Intelligenz kann ein spiritueller Aspirant einige Texte und Kommentare auswendiglernen. Er gibt vor, geheimnisvolle Kräfte und noch geheimnisvolleres Wissen zu besitzen. Er ist immer mit Brahma-Jnanis (Weise, die Brahman, das Absolute, kennen) zusammen und benutzt die gleichen Fachausdrücken wie sie. Der Weg aber ist voller Gefahren und Prüfungen. Wer etwas vortäuscht, besteht keine einzige Prüfung. Im entscheidenden Moment nützen ihm seine Intelligenz und sein Wissen nichts. Sein Verzicht auf weltliche Vergnügen (*Vairagya*) ist nicht gebrannt worden im Feuer von *Viveka* (Unterscheidungskraft) und *Mumukshutwa* (Wunsch nach Befreiung). Er geht unter, während die wahren Weisen und Yogis furchtlos und freudig alle Hindernisse und Gefahren überwinden.

Gleichnis vom Philosophen und dem zerbrochenen Spiegel

Einst lebten zwei Freunde, Ram und Gopal, die beide Philosophen waren. Durch ständiges Hinterfragen (*Vichara*) und andauernde Unterscheidung (*Anvaya-Vyatireka*) lernte Ram, in allem Seienden eine Widerspiegelung Gottes zu sehen. Gopal blieb ein rein theoretischer Philosoph. Für ihn war das Universum nichts als eine Illusion, ein Traum, in dem es nur Schlechtes gibt.

Eines Tages trafen sie sich nach einer langen Zeit wieder. Gopal ließ sich, wie immer, stundenlang über das Böse in der Welt aus. Zum Schluß fragte er Ram, was für ein Geschenk er ihm, seinem Freund, denn mitgebracht habe. Ram dachte eine Weile nach, dann zog er einen Splitter eines zerbrochenen Spiegels aus der Tasche und gab es seinem Freund. „Dies ist mein Geschenk. Es wird dir helfen, deine eigene Schönheit und deine Ausstrahlung zu erkennen, die du sonst nicht sehen kannst." Von da an begann Gopal, die Herrlichkeit des höchsten Selbst, die sich im ganzen Universum widerspiegelt, zu erkennen und zu verstehen.

Nichts ist nutzlos auf dieser Welt. Das Nicht-Selbst existiert, um das Selbst zu reflektieren und zu verherrlichen. Wie sonst könntest du von der Existenz des Selbst erfahren? Das Nicht-Selbst ist der Spiegel, der das Selbst reflektiert. So ist auch das Böse der Spiegel für das Gute. Unter lauter Unwissenden fallen Weise und Heilige sofort auf.

Lerne, das Gute zu sehen, das durch das Schlechte sichtbar wird. Halte dir vor Augen: „Das Böse existiert, um mich an das Gute zu erinnern. Das Vergängliche existiert, um mich an das Unvergängliche zu erinnern." Ebenso ist dieses Universum dazu da, uns an Gott zu erinnern. Lerne, die Gegenwart Gottes in allem zu sehen.

Gleichnis vom Brahmanen, der dem Regen entkam

Ein alter Brahmane ging eine Straße entlang, als es plötzlich stark zu regnen begann. Er hatte keinen Regenschirm dabei und fürchtete, sich zu erkälten. Es gab auch nirgends eine Möglichkeit, sich unterzustellen oder Schutz zu suchen. Etwas entfernt sah er zwei Lastenträger, die ein hölzernes Kinderbett trugen. Er lief zu ihnen hin und da sie größer waren als er, konnte er sich zwischen sie stellen, so daß das breite Bett sich wie ein Dach über seinem Kopf befand. Nicht ein Tropfen Regen fiel auf seinen Kopf. Gelegentlich half er den beiden Kulis auch ein bißchen, aber der Nutzen war sehr viel größer als seine Mühe.

Viele spirituelle Aspiranten setzen sich dem heftigen Regen weltlicher Versuchungen aus. Die Klugen unter ihnen suchen Schutz in *Ashrams* (Ort, wo Yoga gelebt und gelehrt wird) oder anderen Institutionen, die von spirituell weiter entwickelten, „größeren" Seelen geleitet werden, von fortgeschritteneren Aspiranten und Weisen. Sie tragen ein Schutzschild, unter dem die noch nicht so fortgeschrittenen Seelen Zuflucht nehmen können. Die Aspiranten helfen auch in den jeweiligen Einrichtungen mit, aber ihr innerer Gewinn ist größer als die geleistete Arbeit.

Gleichnis vom Schaffner, der aus dem Bus fiel

Der Bus war bereits losgefahren, als der Schaffner einen Mann hinterherlaufen sah. Helfend streckte er die Hand aus. Der Mann hielt sich am Schaffner fest. Da er jedoch mehr wog als der Schaffner, riß er den Schaffner mit, so daß beide auf die Straße fielen. Nun liefen beide hinter dem Bus her. Ein gewichtiger Fahrgast, der sicher im Bus saß, streckte seine Hände aus dem Fenster. Beide hielten sich daran fest und sprangen auf den Bus.

So etwas geschieht häufig auf der Reise des Aspiranten zu seinem Ziel. Wenn er auf dem Trittbrett des *Sadhana* (spirituelle Praxis) steht, auf das er gerade gestiegen ist, überschätzt er seine Stärke und macht sich daran, andere Menschen zu „retten". Das Resultat ist offensichtlich. Er wird selbst auf die Straße des weltlichen Lebens gezogen. Es ist nicht Aufgabe eines Anfängers, anderen zu helfen, sich zu transformieren. Er sollte sich auf seine eigene Praxis konzentrieren. Wenn er sich in die Angelegenheiten anderer Menschen einmischt, wendet er sich gedanklich wieder der Welt zu, und muß anschließend dem Bus der spirituellen Praxis nachlaufen. Ein fortgeschrittener Schüler oder Heiliger, der fest verankert ist, kommt zu seiner Rettung. Und selbst er verläßt die Festung des *Sadhana* (spirituelle Praxis) nicht, sondern streckt seine Hand durch das Fenster des selbstlosen Dienens hinaus.

Gleichnis vom Direktor, der die Uhrzeiger entfernte

In einem Büro war das Hauptaugenmerk der Angestellten darauf gerichtet, daß es 17.00 Uhr wurde und sie ihr Gehalt bekamen, ohne sich übermäßig dafür anzustrengen. Nach 16.00 Uhr schauten sie alle paar Minuten auf die Uhr, um zu sehen, ob nicht schon Feierabend sei. Eines Tages montierte der Direktor beide Zeiger von der Uhr ab. Von da an arbeiteten die Angestellten ruhig und konzentriert und zählten nun nicht mehr die Stunden und Minuten, sondern widmeten sich der Arbeit, die sie erledigen sollten.

Ein selbstsüchtiger Mensch erwartet immer, belohnt zu werden, unabhängig davon, ob er etwas Gutes getan hat oder nicht. Wenn er ein Glas Wasser gibt, erwartet er einen Lohn oder zumindest Dankbarkeit dafür. Der Lehrer sieht dies und tritt in das Leben des Menschen, um die beiden Uhrzeiger der Selbstsucht sowie des Anhaftens an Handlungen und ihre Früchte zu entfernen. Danach arbeitet der Mensch pflichtbewußt, um die nötige Arbeit zu erledigen, ohne ständig eine Belohnung dafür zu erwarten.

Parabeln

Gleichnis vom Jungen und seinen Schuhen

Ein Hund bellte einen Jungen an, der erschrocken davonrannte. Der Hund jagte hinter ihm her. Der Junge merkte, daß seine Schuhe ihn beim Laufen behinderten. Schnell schlüpfte er aus den Schuhen und ließ sie liegen. Der Hund schnappte einen Schuh und lief in die entgegengesetzte Richtung zurück.

Die Welt bereitet dem Menschen Probleme unterschiedlicher Art, solange er von zwei Dingen beherrscht wird: Ich- und Mein-Denken. Solange er egoistisch und besitzergreifend ist, jagt ihn pausenlos *Samsara* (Kreislauf von Geburt und Tod), wohin er auch geht. Da er an tausend Dingen hängt, kann er seinem Ziel nicht zügig entgegenlaufen. Er entsagt dem Ich- und Mein-Denken, um das Ziel schneller zu erreichen. Sobald er diese Besessenheit aufgibt, gibt die Welt die Jagd nach ihm auf und er ist ein für allemal frei von den Leiden des Kreislaufs der Wiedergeburten. Entsagung hat einen doppelten Vorteil: Einmal befreit sie dich von allen Bürden, erhellt dein Herz und hilft dir, zu spirituellen Höhen zu gelangen. Zum anderen befreit sie dich von allen weltlichen Bindungen. Darum entsage der Welt und erfreue dich höchster Glückseligkeit.

Gleichnis vom maskierten Jungen und der Maus

Ein Junge zog sich die Maske eines furchterregenden Riesen über und ging damit zu dem Platz, wo die anderen Jungen spielten. Er stieß schreckliche Schreie aus. Die anderen Kinder fürchteten sich vor diesem Dämon und flüchteten. Plötzlich begann der Junge selbst laut zu jammern. Er liess sich auf den Boden fallen und kroch aus der Maske heraus. In der Maske war eine Maus, vor der er riesige Angst hatte!

Ein Aspirant schlüpft in die Maske eines selbstverwirklichten Heiligen, hält donnernde Reden und versucht, alle Menschen zu bekehren. Die Menschen verehren und bewundern ihn. Aber bald stürzt er, und die Maske des Pseudo-*Jnani* (Weisen) zerbricht, denn die Maus der Lust, des Zorns, der Gier und Heuchelei hat sich darin versteckt und stellt seine Schwäche bloß.

Hüte dich vor falschen Vorspiegelungen! Sei aufrichtig, und erreiche das Ziel!

Parabeln

Gleichnis vom Streit der Kinder über Lehmhäuser

Ein paar Kinder spielten auf der Dorfstraße. Sie bauten Häuser aus Lehm und spielten die Rollen von Familienmitgliedern. Ein Kind, das von einem anderen geärgert wurde, zerstörte in einem Anfall von Zorn dessen Haus. Darüber entzündete sich ein heftiger Streit: „Du hast mein Haus kaputt gemacht! Wie kannst du es wagen?" usw. Ein junger Mann, der ihnen zuschaute, lachte über die Torheit der Kinder, sich über Spielhäuser aus einer Handvoll Lehm zu streiten. Ein älterer Mann sagte zu ihm: „Freund, als du ein kleiner Junge warst, hast du dich genauso aufgeführt. Jetzt, als Erwachsener, hast du an diesen Dingen kein Interesse mehr. Du kannst die Realität richtig einschätzen. Statt über sie zu lachen, sollten wir versuchen, die Kinder zu beruhigen."

So streiten sich auch die Menschen über Nichtigkeiten. Sie bauen Häuser aus Ziegeln und Lehm, und streiten über ihre Besitztümer. Diese Erde selbst ist nur ein Haufen Lehm, der im unendlichen Universum herumwirbelt. Sie ist für begrenzte Zeit erschaffen worden, damit die Individuen das Spiel Gottes fortsetzen können. Wenn das Spiel vorbei ist, wird sich die Welt auflösen. Dann werden weise Menschen über andere lachen, die sich wegen irgendwelcher Sinnesobjekte miteinander streiten. Der Heilige jedoch erinnert sie daran, daß sie sich früher genau so benommen haben, bevor sie sich der Unbeständigkeit äußerer Objekte bewußt wurden. Mit aufrichtiger Liebe und Sympathie bringt er die Menschen dazu, in Frieden miteinander zu leben, und klärt sie stufenweise über die wirkliche Natur der weltlichen Dinge auf, sowie über den Frieden und die Glückseligkeit, die man im Selbst finden kann.

Gleichnis vom Mann, der vorgab, eine Frau zu sein

Ein Mann kam zum Bahnhof. Am Schalter wartete eine lange Menschenschlange. Er sah sich um. In der Nähe war ein Schalter, vor dem es völlig leer war. Er stellte fest, daß dieser Schalter „Nur für Frauen" war. Er dachte nach. Ein gutmütiger Mann neben ihm erriet seine Gedanken und sagte: „Bedecke deinen Kopf mit einem Schleier und tue so, als seist du eine Frau. Dann wirst du deine Fahrkarte schnell bekommen." Ohne auch nur einen Moment zu zögern, tat er dies und bekam sein Ticket. Ein Fahrkartenkontrolleur, der das beobachtet hatte, postierte sich am Eingang zum Bahnsteig, und als der Mann dort vorbei wollte sagte er: „Aber dies ist eine Fahrkarte für einen Mann!" Der Mann mit dem verschleierten Gesicht zog das Frauengewand aus und antwortete: „Ja, natürlich, ich bin ja auch ein Mann."

Alle individuellen Seelen (*Jivas*) werden letztlich *Moksha*, die Befreiung, erlangen. Aber ein kluger Mensch, sucht nach Mitteln und Wegen, die Entwicklung zu beschleunigen und Moksha hier und jetzt zu erlangen. Er möchte nicht mit der Herde laufen. Nur einer unter Millionen fühlt diese Dringlichkeit. Er schaut sich um. Er sieht, daß es auf dem *Pravritti Marga*, dem Weg des aktiven, weltlichen Lebens, von Menschen nur so wimmelt. Dieser Weg ist überfüllt von guten und schlechten Handlungen, die die Entwicklung verzögern. Und er sieht, daß es daneben noch einen anderen Weg gibt, *Nivritti Marga* (der Weg nach innen, spirituelle Selbstbesinnung), den wenige betreten. Er wendet sich dorthin, stellt jedoch fest, daß dieser Weg nur für Menschen mit bestimmten Qualifikationen ist. Aus Mitgefühl kommt ein Heiliger zur Rettung und sagt: „Du kannst über alle hergebrachten Vorstellungen hinausgehen, wenn du vergißt, daß du ein Mann bist. Du kannst den tief verwurzelten Feind der Selbstsucht und Identifikation mit dem Körper besiegen, wenn du vorgibst, ein Narr oder Verrückter zu sein. Das ist das Geheimnis dieses Weges."

Parabeln

Der Suchende gehorcht dem Weisen blind. Er erlangt Weisheit über das Selbst. Der weltliche Mensch ist stolz auf seinen Intellekt und spottet über den Weisen, der sich wie ein Verrückter benimmt. Da nimmt der Heilige den Schleier der Torheit ab, den er vorsätzlich angelegt hatte, und erscheint als ein göttliches Wesen unter Menschen, als Höchster, als Gottmensch. Er hat sein Ziel erreicht. Er erhält leicht Zutritt zum Königreich der unendlichen Glückseligkeit.

Gleichnis vom Ochsenkarrenlenker

Ein Ochsenkarrenlenker erkannte: Bei meiner Geburt war es der Wille *Brahmas* (Brahma = Schöpfergott), daß ich meinen Lebensunterhalt mit Hilfe eines Ochsenkarren verdienen soll. Dieser Wille *Brahmas* führte dazu, daß ich zwei Ochsen und einen Karren habe.

Als dieses Wissen in ihm dämmerte, schmiedete er einen wunderbaren Plan. Er verkaufte auf der Stelle die Ochsen und den Karren und erwarb vom Erlös alles Notwendige für sich und seine Familie. Er behielt nichts von dem Geld zurück. Er kehrte nach Hause zurück und hatte nichts mehr für den nächsten Tag. Brahma erschuf ein Ochsenpaar und einen Karren, und stellte sie in den leeren Stall. Nach einigen Tagen verkaufte der Ochsenkarrenlenker wieder alles, und verteilte den Verkaufserlös an die Armen. Und wieder erschuf Gott zwei Ochsen und einen Karren, und stellte sie in den Stall.

So macht es auch der selbstverwirklichte Weise. Er hat erkannt, daß sein Körper das Ergebnis seines *Prarabdha Karmas* (das aktivierte *Karma*, Wirkung von Handlungen aus früheren Leben) ist, und daß Freude und Leid durch seine Handlungen in früheren Leben determiniert sind. Er erkennt klar die Wirkungsweise des *Karma* (Gesetz von Ursache und Wirkung). Deswegen macht er sich keine Sorgen darüber, was morgen sein wird. Was er an weltlichen Besitztümern erhält, verteilt er sofort an andere weiter. Er behält nichts für sich selbst. Um den göttlichen Willen zu erfüllen und das *Karma* gemäß seinen natürlichen Gesetzen ablaufen zu lassen, schenkt Gott ihm ständig alles, was er braucht. Da er das weiß, ist er frei von Angst und Sorge, und erfreut er sich an höchstem Frieden und vollkommener Zufriedenheit.

Parabeln

Gleichnis von König Puranjana

Ein König namens *Puranjana* hatte einen Freund mit Namen *Avijnata* („der Unbekannte"). Der König trennte sich von seinem Freund und ging auf Wanderschaft auf der Suche nach einem neuen Aufenthaltsort. Er wies mehrere Königreiche ab und gelangte schließlich zu einer Stadt mit neun Toren, die durch fünf Mauern streng gesichert war. In der Stadt traf er eine wunderschöne Prinzessin, die von zehn Wächtern und einer fünfköpfigen Schlange bewacht wurde. Puranjana näherte sich ihr und bat um ihre Hand. Sie war über alle Maßen glücklich darüber, heiratete ihn und machte ihn zum Herrscher ihres Königreichs. Puranjana regierte hundert Jahre.

Jeden Tag verließ Puranjana die Stadt durch eines der neun Tore, und brachte verschiedene Dinge und Erfahrungen zurück. Er ging vollkommen in Sinnesvergnügen auf. Er hatte sich so sehr mit der Königin identifiziert, daß er keine eigene Individualität mehr zu haben schien.

Oft fuhr Puranjana auf einem zweirädrigen Wagen hinaus, der von fünf Pferden gezogen wurde. Aus reiner Lust tötete er viele Tiere. Seine Frau war zwar ärgerlich auf ihn, weil er sie allein ließ, war aber bald nach seiner Rückkehr wieder versöhnt und umarmte ihn wieder voller Liebe. So lebte Puranjana, ohne zu merken, wie die Zeit verging. Als er alt war, griff ihn *Chandavega*, der Herr der 365 *Gandharvas* (Himmelswesen, himmlische Musikanten) mehrfach an. Die große fünfköpfige Schlange *Prajagara* bewacht die Stadt gut. Der Kampf dauerte hundert Jahre und jedes Mal wehrte die Schlange den Angriff *Chandavegas* erfolgreich ab.

Die Tochter von *Kala*, der Zeit, suchte vergeblich einen Mann. Zuletzt wandte sie sich an *Bhaya* („Furcht", „Angst"), und warb um ihn. *Bhaya* bot ihr seine Armee sowie seinen Bruder *Prajwara* an und überredete sie, alle Wesen zu vernichten. Diese Armee griff nun in Begleitung der Tochter der Zeit *Puranjanas* Stadt an. Umzingelt von der Tochter der Zeit erduldete der König unsägliche Qualen. Selbst die Schlange konnte der Belagerung nicht mehr standhalten. Nach einem kurzen Kampf floh sie. In der Zwischenzeit ließ *Prajwara* die Stadt in Flammen aufgehen. Obwohl er der Stadt sehr zugetan war, mußte der König sie verlassen. Als er aus der Stadt kam, umringten ihn die Tiere, die er im Wald getötet hatte und marterten ihn zu Tode. Selbst in dieser Situation erinnerte er sich nicht an seinen alten Freund *Avijnata*.

Er wurde wiedergeboren als die wunderschöne Tochter des Königs *Vidarbha* und heiratete als Prinzessin den König *Malayadhwaja*. Sie bekamen eine Tochter und sieben Söhne. Nachdem die Kinder erwachsen waren, zog sich der König zurück, übergab sein Königreich seinen Söhnen und ging er in den Wald, um über Gott zu meditieren. Die Königin folgte ihm. Nach intensiven Askeseübungen erlangte der König die Vision Gottes und ging in *Samadhi* (überbewußter Zustand) ein. Er wurde eins mit allem und verschmolz mit dem höchsten *Brahman* (das Absolute). Die Königin erkannte, daß nur noch sein Körper auf der Erde verblieben war, während seine Seele die Vereinigung mit der höchsten Seele erreicht hatte.

Daraufhin traf sie die nötigen Vorbereitungen für die Bestattung des Leichnams und bereitete sich selbst darauf vor, den Scheiterhaufen zu besteigen, um ihrem Mann zu folgen. In diesem Augenblick erschien ihr alter Freund *Avijnata* und erinnerte sie daran, daß er in jeder ihrer früheren Geburten ihr Freund gewesen war. Er erinnerte sie auch daran, wie sie ihn in der letzten Geburt verlassen hatte und zur Stadt mit den neun Toren gegangen war und dort viel Leid erduldet hatte. Er enthüllte ihr, daß er und sie Eins seien. Daraufhin erwachte ihre Seele und erreichte die Vereinigung mit dem höchsten Brahman.

Dieses Gleichnis erläutert das Leben des Individuums (*Jiva*) auf der Erde. Puranjana ist die individuelle Seele, *Avijnata*, der Unbekannte, ist die höchste Seele (Gott, das Absolute). Nachdem sie viele Leben als Stein, Pflanze, Tier verbracht hat, inkarniert sich die Seele (*Jiva*) als Mensch. Sie ist umgeben von den fünf *Koshas* (Hüllen). Die Prinzessin in der Stadt ist niemand anders als der Intellekt. Die Seele heiratet den kleinen menschlichen Intellekt. Während sie im menschlichen Körper wohnt, genießt sie die Freuden dieser Welt mittels der zehn Sinnes- und Handlungsorgane (*Indriyas*). Der Wagen des Körpers hat die beiden Räder von Gut und Böse. Während es mit diesem Wagen fährt, führt das Individuum zahlreiche Handlungen aus. Diese Handlungen helfen, den Intellekt zufriedenzustellen. So verbringen die verkörperte Seele und der Intellekt ihre Zeit.

Chandavega repräsentiert das Jahr mit seinen dreihundertfünfundsechzig Tagen. Die Jahre machen dem Körper zu schaffen, aber die fünfköpfige Schlange *Prajagara*, die die fünf Lebensenergien symbolisiert, wehrt erfolgreich alle Angriffe ab und beschützt die Stadt. Doch mit der Zeit überwältigt das Alter den Menschen.

Zu diesem Zeitpunkt greift ihn eine mächtige Armee an. Es ist die Armee, die von *Kala* (Zeit oder Tod), *Bhaya* (Furcht) und *Prajwara* (tödliches Fieber) angeführt wird. Der an reine Sinnesbefriedigung gewöhnte Mensch muß nun dem Tod ins Auge schauen. Das *Prana* (Lebensenergie) kann diesem Feind nicht mehr standhalten. Es weicht. Tödliches Feuer setzt den Körper in Brand. Widerwillig muß die Seele den Körper verlassen. Aufgrund von Moha (Täuschung, Verblendung) erkennt der *Jiva* (individuelle Seele) seine Verwandtschaft mit dem großen Unbekannten, mit Gott, nicht. Wenn er die Welt verläßt, wird er von all den Wesen, denen er im Laufe seines Lebens Schaden zugefügt hat, verfolgt und gemartert.

Puranjanas Wiedergeburt als Prinzessin soll zeigen, daß die individuelle Seele nicht an ein Geschlecht gebunden ist und sich je nach ihrem *Karma* als Mann oder Frau wieder inkarnieren kann. In diesem Leben entsagt nun das Individuum den Sinnesvergnügen, meditiert über Gott und trifft den großen unbekannten Freund wieder, Gott, der die Seele zu ihrer ursprünglichen Herrlichkeit zurückführt. Das Individuum verwirklicht seine Einheit mit dem Höchsten.

Gleichnis vom unachtsamen Reh

Ein Reh spielte mit einem anderen in einem Blumengarten. Es knabberte am Gras und lauschte dem Summen der Bienen. Deshalb bemerkte es weder die hungrigen Wölfe, die sich näherten, noch den Jäger, der mit einem Pfeil auf es zielte. Der Jäger schoß den Pfeil ab und tötete es, bevor es sich seines Verhängnisses gewahr wurde.

Ähnlich ist es mit den meisten Menschen. Ihr Leben auf Erden dreht sich nur ums Essen und um Zeugung. So wie es in dem Garten wunderschöne Blumen gibt, so gibt es ihm Leben eines Menschen schöne Frauen bzw. Männer und alle möglichen Sinnesgenüsse. Die Schönheit und der Genuß dauern jedoch nicht lange, bald welken sie wie eine Blume am Abend. Der Mensch ist ganz von Familie und Beruf in Anspruch genommen und vergißt die Wölfe der Jahre, die ihn verschlingen wollen. Der Jäger Tod schickt ihn in die andere Welt, bevor er seine wirkliche Natur erkunden konnte.

Wache auf und meditiere über Gott! Vergeude nicht einen einzigen Augenblick mit rein weltlichen Genüssen!

Gleichnis vom wortkargen Spartaner

Im antiken Griechenland lebte unter anderem der Stamm der Spartaner. Die Spartaner waren sehr tapfere Menschen, einfach und bescheiden. Die Tapferkeit der Spartaner war sprichwörtlich im ganzen Land. Wenn ein Spartaner sich etwas vornahm, wußte man, er würde eher sterben als einen Mißerfolg hinnehmen.

Ihr Gebiet hieß Lakonien, weshalb sie als Lakonier bezeichnet wurden. Eine der Anordnungen ihrer Führer war: „Sei kurz und bündig, klar und genau in allem, was du sagst. Sei nicht vage, und vergeude nicht unnötige Worte, wenn du etwas nicht weißt. Wenn du etwas nicht weißt, dann sage es. Wenn du etwas tun willst, dann prahle nicht damit, bevor du es nicht ausgeführt hast." Daher war die Antwort eines Lakoniers auf eine Frage immer so kurz und bündig und auf den Punkt gebracht, daß selbst heute noch eine kurze, prägnante Äußerung als „lakonisch" bezeichnet wird.

Dazu gibt es eine Geschichte. Im Norden Griechenlands regierte König Philipp, der Vater Alexanders des Großen, über ein Territorium, das Makedonien hieß. Philipp wollte ganz Griechenland erobern. Deshalb fiel er mit einer großen Armee in viele Nachbarstaaten ein. Dann sandte er eine Nachricht an den Führer der Spartaner, in der er verlangte, daß dieser seine Herrschaft über Lakonien akzeptieren solle. Ansonsten werde seine Armee sie vernichten.

Die Antwort der Spartaner an König Philipp bestand aus einem einzigen Wort, und dieses Wort hiess „wenn". Damit war gemeint, daß die Spartaner keine Angst vor dieser Armee hätten und daß König Philipp seine Drohung nur wahr machen könne, „wenn" seiner Armee von Seiten der tapferen Lakonier erlaubt würde, Lakonien zu betreten.

Parabeln

Die Welt ist voller prahlerischer Menschen. An Schwätzern herrscht kein Mangel. Praktische Menschen prahlen nie. Sie sprechen wenig und arbeiten dafür mehr. Sie versprechen oder schwören nie etwas, sondern tun, was von ihnen erwartet wird. Sie setzen keine falschen Gerüchte und erdachte Tatsachen in Umlauf. Sie erfinden nicht irgendwelche Geschichten. Eitelkeit umwölkt niemals ihre Vernunft. Sie vermeiden Verwirrung, indem sie wenig sprechen und nicht auf Schwätzer hören. Daher sind ihre Entscheidungen aufrichtig und unerschütterlich.

Gleichnis von Mahmud und Ayaz

Mahmud Gazni war ein mächtiger Herrscher, vor dem die ganze Welt zitterte. Er selbst jedoch stand ganz im Bann der faszinierenden Sklavin Ayaz. Er war so verliebt in sie, daß er machtlos war, wenn sie in der Nähe war. Selbst wenn er am kaiserlichen Hof repräsentierte, mußte sein Premierminister ihn ständig daran erinnern, daß er der mächtige Kaiser Mahmud Gazni, der große Eroberer, sei. Nur dann verhielt er sich auch wie ein solcher.

Ebenso hält sich die individuelle Seele (*Jiva*), die in Wahrheit unendliches Bewußtsein ist, unter dem Einfluß von *Maya* (Täuschung) für vergänglich, machtlos, schwach und begrenzt, Geburt und Tod, Schmerz und Freude unterworfen. Der Premierminister, der reine Intellekt, versucht, nachzudenken und die latent vorhandenen Eindrücke von Unendlichkeit (*Akhanda*), Einheit (*Ekarasa*), reinem Sein, Wissen und Glückseligkeit (*Satchitananda*), Zeitlosigkeit (*Nitya*), Freiheit (*Mukta*) usw. an die Oberfläche zu bringen. Der spirituelle Aspirant beginnt zu meditieren. In der Meditation fühlt die Seele, daß sie eins ist mit dem Unendlichen, unberührt von *Maya* (Illusion) und *Avidya* (Nichtwissen). So festigt sie sich allmählich in diesem erhabenen Zustand.

Parabeln

Gleichnis vom Theaterstück

Der Direktor einer Akademie wollte ein Theaterstück mit dem Titel „Wiedervereinigung" aufführen lassen. Er kündigte an, daß verschiedene Schauspieler drei Stunden lang auf der Bühne spielen würden. Nach dem Stück würde er zusammen mit den Honoratioren der Stadt Preise und Pokale an die guten Schauspieler vergeben. Allein schon der Name des Theaterstücks reizte mich, und ich ging hin, um es mir anzusehen. Die Schauspieler kamen auf die Bühne, spielten ihren Part, traten wieder ab, die nächsten traten auf und so weiter.

Schau dir diesen schlechten Schauspieler an! Er spielt seine Rolle nicht! Im Gegenteil, er hält andere davon ab, ihre Rolle zu spielen. Er ordnet sein Kostüm und kümmert sich nicht um seine Rolle. Er tut so, als gebe es keinen Regisseur, als werde das Drama niemals enden und als könne er für immer genießen und tun und lassen, was er will. Er ist ein Narr, auch wenn er sich für besonders klug hält. Er verdirbt die ganze Aufführung. Der Direktor ist sehr nachsichtig, daher entfernt er ihn nicht sofort von der Bühne, sondern wartet, bis sein Part vorbei ist und zieht ihn später zur Rechenschaft.

Hier kommt ein guter Schauspieler. Er hat akute Rückenschmerzen, geht aber in seiner Rolle so auf, daß er die Schmerzen vollkommen vergißt. Er weiß, die Aufführung wird nach drei Stunden enden und alle Akteure werden beurteilt werden. Sein einziges Interesse ist es, seine Rolle jetzt so gut zu spielen, wie es in seiner Macht steht. Damit gewinnt er die Herzen aller Zuschauer. Nach der Vorführung wurden die Akteure, die für Preise ausgewählt worden waren, aufgerufen und erhielten ihre Preise, Pokale und diverse Ehrenbezeugungen. Alle freuten sich darüber. Auf dem Nachhauseweg liess ich das Stück noch einmal gedanklich Revue passieren.

Gott hat auf dieser Welt ein ähnliches Theaterstück mit dem Titel „Gottesverwirklichung" inszeniert. Durch Propheten und Heilige hat er angekündigt, daß individuelle Seelen in verschiedenen Körpern ein paar Jahre aktiv sein werden. Ihre Atemzüge sind gezählt. Dann wird er alle beurteilen, und Pokale und Preise der Ewigkeit an die guten Akteure verteilen, in Gegenwart der Heiligen des göttlichen Hofs. Gott gab den Seelen Körper und wies ihnen verschiedene Rollen zu. Das Weltendrama begann, als er die Welt erschuf. Eine Gruppe von Individuen spielte ihre Rolle und verschwand wieder. Dieser Vorgang wiederholt sich kontinuierlich.

Ein schlechter Schauspieler spielt seine Rolle nicht und hält andere von ihrem *Bhakti* (Gottesverehrung) ab. Er ist an seinen Körper verhaftet, und ständig damit beschäftigt, ihn zu pflegen und sich an weltlichen Vergnügungen zu erfreuen. Er meint, es gibt keinen Gott, er wird seinen Körper niemals verlassen, sondern sich für immer an materiellen Dingen erfreuen, so wie es ihm gerade gefällt. Er ist ein Narr, obwohl er denkt, er sei klug. Gott und seine Höflinge beobachten ihn die ganze Zeit. Er ist ein winziger Fleck im Weltendrama. Gott ist nachsichtig. Er wartet, bis er seinen Part beendet hat und straft ihn dann mit einem Schicksal, das ihn bittere Tränen weinen läßt.

Ein guter Schauspieler lebt in göttlichem Sinn. Er mag einen kränklichen Körper haben, aber er läßt sich davon nicht beeinflussen. Er setzt seine ganze Kraft ein, Gott zu verehren. Er weiß, eines Tages wird er sterben und Gott wird ihn beurteilen. Seine einzige Sorge besteht darin, soviel spirituelle Praxis wie möglich auszuüben. Wenn er seinen Körper verläßt, wird er an den Hof Gottes geleitet. Gott und seine Höflinge sind erfreut darüber, *Bhaktas* (Gottesverehrer) zu sehen. Gott ruft sie einen nach dem anderen auf, und verleiht die Preise und Pokale der Ewigkeit. Alle sind voller Freude und Glück.

Parabeln

Laßt uns zu guten Schauspielern in diesem Weltendrama werden. Höre auf, dich über Krankheit und Tod zu sorgen. Es ist sicher, daß sie kommen. Passe dich an die Umstände an und vertraue dich Gott an. Ein gewisses Maß an Nahrung, Kleidung und Handeln in der Welt ist notwendig. Aber über allem steht die Hingabe an Gott. Für diese Rolle hat Gott uns diesen Körper gegeben.

Sivananda

Swami Sivananda

Swami Sivananda, 1887-1963, war einer der ganz großen Yogameister des 20. Jahrhunderts. In einer südindischen Brahmanenfamilie geboren, lernte er auf einer englischen Missionsschule, studierte Medizin und leitete jahrelang ein Krankenhaus in Malaysia. Im Alter von 36 Jahren kehrte er nach Indien zurück, zog sich in den Himalaya zurück und praktizierte intensive Yoga-Übungen und Meditation. Hier erlangte er das höchste Ziel des Yoga, die Selbstverwirklichung.

Angezogen von der Macht seiner Persönlichkeit und der Kraft seiner Liebe und Ausstrahlung kamen viele Schüler zu ihm. Swami Sivananda war ein sehr praktischer Mensch. „Ein Gramm Praxis ist besser als Tonnen von Theorie" war einer seiner Lieblingssprüche. Er war kein Freund von „intellektueller Gymnastik", wie er es nannte. Er wollte vielmehr, daß Menschen an sich arbeiten und ihr Bewußtsein erweitern. Für Menschen auf der ganzen Welt schrieb er viele Bücher, in denen er die komplexesten spirituellen Zusammenhänge auf einfache Weise erläuterte.

Nachdem er sich 1924 in Rishikesh an den Ufern des Ganges, am Fuß des Himalaya, niedergelassen hatte, gründete Swami Sivananda 1932 den Sivananda Ashram. 1936 entstand die Divine Life Society, die „Gesellschaft Göttlichen Lebens", die sich zum Ziel gesetzt hat, die Ideale des Yoga zu verbreiten und dafür zu sorgen, daß Menschen sie in ihrem Alltag umsetzen, ihr tägliches Leben spiritualisieren können. Dem Ziel der Verbreitung des Wissens diente auch die 1948 eingerichtete Yoga Vedanta Forest Academy in Rishikesh. 1950 unternahm Sivananda eine Reise durch Indien und Sri Lanka, um seine Botschaft vom Leben in Liebe, Freude und Frieden zu verkünden. 1953 berief er ein „Weltparlament aller Religionen" ein.

Am 14. Juli 1963 verließ er seinen Körper und erreichte Mahasamadhi.

Die Divine Life Society

1936 gründete Swami Sivananda die Divine Life Society. Ziel war die Verbreitung der kostbarsten und besten Elemente der indischen Kultur und ihres lebendigen Idealismus. Sein unaufhörliches Bemühen galt der weltweiten Verbreitung der lebendigen ethischen und spirituellen Ideale Indiens. Sein großes Anliegen war es, die Ideen von Yoga, Vedanta (Philosophie des Absoluten) und Dharma (Rechtschaffenheit, Pflichterfüllung, rechtes Leben) einer breiten Öffentlichkeit zugänglich zu machen und ein vorbildliches Leben unter Verwirklichung göttlicher Tugenden, richtigem Verhalten, selbstlosen Dienens, universeller Bruderschaft und Erkenntnis der Einheit aller Wesen zu propagieren.

Der Hauptsitz der Divine Life Society befindet sich in Shivanandanagar bei Rishikesh an den Ufern des Ganges, am Fuße des Himalaja. Hier arbeiten viele Sannyasins (Entsagte, Mönche) und Sadhakas (spirituelle Schüler, Sucher), die ihr Leben vollständig dem Dienst an der Menschheit gewidmet haben, um den ganzheitlichen Yoga zu lernen, zu praktizieren und den Sivananda Ashram zu einem dynamischen spirituellen Zentrum zu machen. Ziel der Divine Life Society ist es, die Menschen für den wahren und erhabenen Zweck ihres Lebens zu sensibilisieren, ihnen die Mittel und Methoden dazu aufzuzeigen und sie zu inspirieren, sich um die Erreichung dieses Ziels zu bemühen.

Um dieses Ziel einer weltweiten Wiederauflebung der Spiritualität zu erreichen, gibt die Divine Life Society zahlreiche Publikationen in Form von Büchern, Flugblättern und Zeitschriften über alle Aspekten des Yoga und Vedanta, universelle Religionen und Philosophien sowie überliefertes medizinisches Wissen heraus. Sie organisiert auch kulturelle und spirituelle Konferenzen und Vorträge und hat verschiedene Zentren, wo Yoga praktiziert wird. Diese Institution versucht, die alten Traditionen und Praktiken, dieses hochgeschätzte kulturelle Erbe, zu bewahren. Sie dient als Modell für vielseitiges, selbstloses Handeln und gibt ein vorbildliches Beispiel zur

Nachahmung. Ziel ist die ganzheitliche Entfaltung der menschlichen Persönlichkeit. Die Gesellschaft mit dem Sivananda Ashram stellt auch einen idealen Rückzugsort für Menschen aus aller Welt dar, um sich körperlich, geistig, moralisch und spirituell zu erneuern und zu erholen.

Abteilungen der Divine Life Society

Die wichtigsten Bereiche sind:

* Die Yoga-Vedanta Forest Akademie, wo Yoga in seinen verschiedenen Aspekten theoretisch und praktisch vermittelt wird.
* Der Yoga-Vedanta Forest Akademie Verlag, welcher spirituelle Bücher, Journale und andere Literatur der Gesellschaft druckt.
* Der Bund der Sivananda Publikationen, welcher diese wertvollen Publikationen an die Bevölkerung weitergibt.
* Die Freie Literatur Abteilung, welche kostenlos Literatur verteilt.
* Das Annapurna Annakshetra, die Ashramküche, die neben Bewohnern, Gästen und Schülern auch zahlreiche Menschen aus der Umgebung kostenlos mit Essen versorgt.
* Das Gästehaus, welches sich um die Bedürfnisse der vielen Besucher und Gäste, die für spirituelle Führung und Übung in den Ashram kommen, kümmert.
* Die Tempel, wo Gebete für den Frieden der Welt sowie regelmäßiges Kirtansingen für das Gemeinwohl durchgeführt werden.
* Die beiden zweimonatig erscheinenden Journale (The Divine Life auf Englisch und Divya Jivan auf Hindi), die mit ihren philosophischen Abhandlungen allen Suchenden und Schülern Führung und aktuelle Informationen geben.
* Die Bibliothek, in der man einige der wertvollsten Bücher über Philosophie, Religion und Yoga lesen kann.
* Die Abteilung für Schriftverkehr, die die zahllosen Fragen von Suchenden aus aller Welt über verschiedenste Bereiche des Lebens sorgfältig beantwortet.

* Die Gruppe des sozialen Dienstes, welche sich im sozialen Bereich engagiert, zum Beispiel für Leprakranke, für medizinische Hilfe für Arme und Bedürftige, in der Erziehung von Schülern aus armen Verhältnissen bis hin zu einem hochqualifizierten Abschluß. Sie gewährt Mittellosen und Behinderten finanzielle und menschliche Unterstützung, wo immer dies notwendig ist. Sie organisiert ebenfalls Vortragsreisen und Konferenzen des Präsidenten der Gesellschaft zum Wohl der strebenden Seelen in den verschiedenen Teilen Indiens und im Ausland. Die Gesellschaft hat eine große Anzahl an Niederlassungen in Indien und anderen Ländern der Welt.

Das tägliche Programm des Sivananda Ashrams am Hauptsitz beinhaltet gemeinsame Meditation und Gebete, Kirtansingen, Praxis von Yoga-Übungen, Vorträge über Yoga, Vedanta und die Bhagavad Gita, regelmäßige Zeremonien wie Pujas und Homas und vieles andere mehr.

Diese Angebote und Aktivitäten des Ashrams sollen die spirituellen Bestrebungen des Suchenden unterstützen. Ziel ist es, die Spiritualität, die Idee der Einheit des Menschen mit Gott und der ganzen Schöpfung sowie der Unsterblichkeit der Seele in das Alltagsleben jedes einzelnen zu integrieren.

Die grundlegenden Ziele und der Zweck der Divine Life Society als Ganzes sind rein spirituell, überkonfessionell, universell anwendbar und absolut tolerant. Die Gesellschaft bietet einen friedvollen Rahmen, innerhalb dessen der traumatisierte moderne Mensch zu seinem inneren Frieden finden kann. Der Mensch soll sein Leben im Universellen Göttlichen Wesen führen, was bedeutet, sowohl die Aktivitäten und Funktionen der ganzen menschlichen Gesellschaft als auch die inneren Bestrebungen des einzelnen mit den universellen, kosmischen Gesetzen und dem Absoluten in Einklang zu bringen.

Glossar

Ahimsa Nichtverletzen
Aishvarya Pracht, Glanz, Herrlichkeit
Akhanda ununterbrochen
Ananda Wonne, Glückseligkeit
Ananya Bhakti Hingabe (bhakti) ohne Ablenkung
Artha Wohlstand
Asana Yogastellung
Atman das Selbst
Avidya Nichtwissen, Unwissenheit
Bhagavatgita wörtl. „Gesang des Erhabenen", eine der wichtigsten indischen Schriften; ein philosophisches Lehrgespräch; Ausschnitt aus dem Mahabharata
Bhakta Gottesverehrer
Bhakti Hingabe
Bhava Muster, Einstellung, Haltung
Bhoga Genuß; sinnliche Freude
Brahma „der Erhalter"; eine der drei Gottheiten der hinduistischen Trinität
Brahmacharya Enthaltsamkeit, Selbstdisziplin
Brahmamuhurta „die Stunde Brahmas"; frühe Morgenstunden etwa zwischen 3 und 6 Uhr morgens; gilt als besonders geeignet für die Meditation
Brahman (das Absolute)
Brahmane Priester; die höchste Kaste im Hinduismus
Brahmanishtha Guru ein im Wissen um Brahman, das Absolute, fest verankerter Weisheitslehrer
Brahmavit ein Kenner Brahmans, des Absoluten
Chakra Energiezentrum
Chatushtaya die vier Eigenschaften, die ein Aspirant auf dem spirituellen Weg braucht: Vairagya = Leidenschaftslosigkeit, Viveka = Unterscheidungskraft; Shatsampat = sechs edle Tugenden; Mumukshutwa = Wunsch nach Befreiung)
Chit Wissen
Danda Stock, Stab

Darshan Sicht, Vision
Dharana Konzentration
Dharma Rechtschaffenheit, Pflichterfüllung
Dharmashala Unterkunft für Pilger
Dhyana Meditation, Kontemplation
Dwesha Abneigung, Nichtmögen
Ekarasa Einheit
Ganesha elefantenköpfiger Gott; wörtl. „Herr der Heerscharen"; steht symbolisch für die Beseitigung aller Hindernisse, für Erfolg in der Welt und in der Spiritualität
Ghee geklärte Butter
Grihastha Haushalt; Berufs und Familienleben
Grihasthi Haushalter; Mensch, der im Berufs- und Familienleben steht
Guru spiritueller Lehrer, wörtl: "der die Dunkelheit vertreibt"
Hamsa Wandermönch
Indriyas Sinne; Sinnesorgane
Janaka König von Videha
Japa Mantrawiederholung
Jiva die individuelle Seele
Jivanmukta zu Lebzeiten Befreiter
Jnana Wissen, Weisheit
Jnani ein Weiser, einer, der im Besitz der intuitiven Weisheit ist; Vedantin; Eleuchteter
Kala die Zeit
Kali Yuga das „Eiserne Zeitalter", in dem wir nach mythologischer Zeitrechnung leben; dauert 400.000 Jahre
Kama Wunscherfüllung, Sinnesbefriedigung
Kamandalu Bettelschale eines Mönchs
Karma Handlung; Gesetz von Ursache und Wirkung
Karma Yoga der Yogaweg des selbstlosen Dienens, ohne etwas dafür zu erwarten
Kaupeen Lendenschurz
Kenopanishad eine der Upanishaden
Kirtan Mantrasingen

Kosha Hülle. Die 5 Koshas, die das Selbst (Atman) umhüllen
Krodha Ärger
Kshatriya Angehöriger der Kriegerkaste
Kutir Haus, Hütte
Laddu indische Süßigkeit
Lila Gottes Spiel; das göttliche Spiel in der Welt der Erscheinungen
Lobha Besitzgier
Mada Arroganz
Mahabharata Name des indischen Heldenepos; beschreibt den Kampf der Nachkommen des Bharata
Mahatma großer Meister
Mantra mystische Sanskritformel
Marga Weg, Pfad
Matsarya Eifersucht
Maya Täuschung, Illusion; täuschende Kraft Gottes, verantwortlich für Nichtwissen und Unfreiheit
Moha Täuschung, Verwirrung
Moksha Befreiung
Mukta Freiheit
Mumukshutwa Wunsch nach Befreiung
Naivedya Speise als Opfergabe am Ende eines Rituals
Nama der Name
Nami das Benannte
Narasimha mythologische Gestalt, halb Mensch, halb Löwe
Nishkama absichtslos, ohne Anhaften
Nitya zeitlos; ewig; beständig
Nivritti Marga der Weg der Entsagung
Niyama Regeln im Umgang mit sich selbst; Selbstdisziplin
Om heilige Silbe; Repräsentation des Urklangs, der ersten Schwingung der Schöpfung; Symbol für alle Dreiheiten
Pandit Schriftgelehrter
Pranayama yogische Atemübungen
Prasad Opfergabe
Pratyahara Zurückziehen der Sinne
Pravritti Marga der Weg des aktiven, weltlichen Lebens
Puja Verehrungsritual
Raga Zuneigung, Mögen
Raga-Dwesha Zu-/Abneigung, Mögen/Nichtmögen
Raja König, Herrscher
Raja Yoga der Yogaweg der Geistesbeherrschung
Rajas Aktivität, Unruhe
Rama Name der 7. Inkarnation von Vishnu; gilt als Verkörperung von Rechtschaffenheit
Rama Smarana Wiederholen, Erinnern des Namens Rama
Ramayana indisches Heldenepos; beschreibt die Geschichte des Rama
Rupie indische Währung
Sadachara richtiges Verhalten
Sadhaka spiritueller Sucher, Schüler, Aspirant
Sadhana spirituelle Praxis
Sadhu Mönch, Weiser, Heiliger
Sahasrara Chakra das tausendblättrige Chakra (Energiezentrum); Name des höchsten Chakras oberhalb des Scheitels
Samadhi überbewußter Zustand
Samsara Kreislauf von Geburt und Tod
Samskaras Eindrücke im Unterbewusstsein
Sannyasin Entsagter
Sastras, Shastras Schriften
Sat reines Sein
Satchitananda reines Sein, Wissen, Wonne
Sat-Guru Weisheitslehrer
Satsang wörtl. Zusammensein mit Weisheit; gemeinsame Meditation und Mantrasingen mit Gleichgesinnten, mit Weisen und Heiligen
Sattwig rein
Satya Wahrhaftigkeit
Seva Dienst
Shakti Energie, Kraft
Shastras Schriften
Shatsampat Sechs edle Tugenden; Voraussetzungen auf dem spirituellen Weg: Sama = Gleichmut in Freude und Leid; Dama = Sinnesbeherrschung; Uparati = Stillwerden der Sinne; Titiksha = Duldungskraft; Shraddha = Glaube; Samadhana = ausgeglichenes Gemüt

Siddha Meister im Besitz übernatürlicher Fähigkeiten; Vollkommener
Siddhis übernatürliche Fähigkeiten
Smarana sich Erinnern
Swami Mönch; jemand, der sich dem Weg der Entsagung verschrieben hat
Swarga, Swarloka Himmelsebene; Welt des Lichts, der reinen Gedanken und Gefühle
Tamas Trägheit, Dunkelheit
Tyaga Entsagung; Aufgeben aller Bindugen; Loslassen von Wünschen
Upadesha spirituelle Unterweisung, Lehren
Upanishaden Bezeichnung einer Klasse heiliger Schriften; der letzte Teil der Veden
Vaikuntha der mythol. Wohnsitz Vishnus; der Himmel
Vairagya Leidenschaftslosigkeit, Nichtanhaften, Wunschlosigkeit
Vasanas Neigungen
Vedanta wörtl. „das Ende des Wissens"; eines der 6 indischen Philosophiesysteme
Vedantin Anhänger der Vedanta-Philosophie; jemand, der die Wahrheit des Vedanta verwirklichen will
Veden, Vedas indische Heilige Schriften
Vinayaka wörtl. „der die Hindernisse beseitigt; ein Name für Ganesha
Vishaya Bhoga Genuß der Sinnesobjekte, Befriedigung der Wünsche
Vishaya Sinnesobjekt
Viveka Unterscheidungskraft
Yajna Opfer
Yama ethisch-moralische Regeln im Umgang mit anderen
Yama Totengott
Yogi, Yogin jemand, der spirituelle Übungen ausführt; ein Schüler auf dem Yogaweg
Zamindar Großgrundbesitzer

Im Yoga Vidya Verlag erschienen:

NEU: Sivananda – ein moderner Heiliger

Enge Schüler von Swami Sivananda beschreiben hier sehr anschaulich die wichtigsten Lebensabschnitte Swami Sivanandas, wie er den spirituellen Weg gegangen ist, systematisch an sich gearbeitet hat und mit viel Disziplin, Weisheit und Hingabe zur höchsten Verwirklichung gekommen ist. Es zeigt dir pragmatisch und methodisch den Weg, den du selbst gehen kannst, um dieses Ziel zu erreichen. Es versetzt dich in die unmittelbare Gegenwart eines großen, selbstverwirklichten Meisters.
375 Seiten, Paperback. 16,80 €. ISBN 978-3-931854-63-8

Autobiographie von Swami Sivananda

Hier schreibt der große indische Weise Swami Sivananda, wie er vom Normalbewusstsein zum Gottesbewußtsein gekommen ist, so als wäre es die selbstverständlichste Sache der Welt, zur Erfahrung der Einheit zu gelangen. Und gerade diese Selbstverständlichkeit ist es, was Swami Sivananda immer am Herzen gelegen hat – das Geburtsrecht jedes Menschen, seine wahre Natur zu entdecken und auszudrücken. Und diese Natur ist göttlich – nach seiner Erfahrung wie auch nach der aller Mystiker verschiedenster Traditionen. Dies ist kein Buch, das Sie schnell wieder zur Seite lagen können.
196 Seiten, Paperback. 9,80 €. ISBN 978-3-931854-24-9

Inspirierende Geschichten (Swami Sivananda)

Das Geschichtenerzählen ist eine der ältesten menschlichen Traditionen. Was Nahrungmittel für den physischen Körper sind, sind Geschichten für den menschlichen Geist und die menschliche Seele. Geschichten regen die Phantasie an, helfen Menschen dabei, eigene innere Bilder wahrzunehmen, öffnen das Herz und bieten neue Denkanstöße.
222 Seiten, Paperback. 10,80 €. ISBN 978-3-931854-53-9

Göttliches Elixier (Swami Sivananda)

Es besteht aus kurzen, prägnanten, bedeutungsschwangeren Sätzen, fast wie Sutras (Aphorismen). Jeder der Sätze eignet sich als Einleitung einer Meditation oder auch als Meditationsthema. „Göttliches Elixier" ist auch wunderbar, um morgens seinen Tag zu beginnen. Jeder Satz ist wie ein Schluck „göttliches Elixier", welches den Tag transformiert. Wir wünschen dir viel Herzensöffnung und tiefe Erkenntnisse mit diesem „Zaubertrank" aus der Feder des großen Meisters.
44 Seiten, Paperback. 6,80 €. ISBN 978-3-931854-52-2

Japa Yoga (Swami Sivananda)

Dieses Buch beschreibt in leicht verständlicher Sprache die tantrische Theorie von Klang und Mantra, mit wertvollen Hinweisen für den Gebrauch von Mantras. Die Auflistung von früher nur in mündlicher Überlieferung weitergegebenen Mantras ist selbst in Indien einmalig. Wertvolle Ratschläge zu allen Aspekten des spirituellen Lebens runden das Bild ab.
188 Seiten, Paperback. 9,80 €. ISBN 978-3-931854-25-6

Götter und Göttinnen im Hinduismus
(Swami Sivananda)

Die Vielfalt der indischen Götterwelt ist faszinierend und verwirrend zugleich. Letztlich sind alle Götter Aspekte des einen Absoluten, der höchsten Wahrheit, der allumfassenden kosmischen Energie oder Weltenseele. In diesem Buch beschreibt Swami Sivananda einige der wichtigsten Aspekte der indischen Mythologie, ihre Symbolik und tiefe Bedeutung, sowie traditionelle Riten. Ein Buch, das unsere Fantasie anregt, ein besseres Verständnis der indischen Mythologie schenkt und uns im Herzen berühren kann – denn letztlich bekommen wir Zugang zur höchsten Wirklichkeit über das Herz.
152 Seiten, Paperback. 9,50 €. ISBN 978-3-931854-66-9

Feste und Fastentage im Hinduismus (Swami Sivananda)

Die reichhaltige Mythenwelt des Hinduismus wird leicht nachvollziehbar erschlossen. Es ist für Liebhaber von Geschichten, Märchen und Mythen gleichermaßen interessant wie für den Indienreisenden, der seine Erläuterungen zu hinduistischen Gebräuchen und Symbolik findet, wie sie in keinem Reiseführer stehen. Wer sich mit Yoga beschäftigt, findet hier den Bhakti Yoga Aspekt in Form von Ritualen, Gelübden, Vorsätzen, Mantrarezitation usw.
170 Seiten, Paperback. 9,80 €. ISBN 978-3-931854-33-1

Sivananda Yoga (Swami Venkatesananda)

Swami Venkatesananda, ein enger Schüler Swami Sivanandas, der viele Jahre bei seinem Lehrer lebte, beschreibt in diesem Buch sehr schön, klar und humorvoll, wie spirituelles Wachstum unter der Führung eines selbstverwirklichten Lehrers möglich ist. In vielen kleinen Geschichten, die er selbst oder andere Schüler mit seinem Lehrer erlebt haben, vermittelt er den Lesern, wie man zur Selbstverwirklichung kommt und wie man Sivananda Yoga Tag für Tag üben und praktizieren kann.
182 Seiten, Paperback. 9,80 €. ISBN 978-3-931854-51-5

NEU: Vertraue Gott
Ansprachen nach der Morgenmeditation
von Swami Atmaswarupananda
Genial, direkt, unkompliziert – mit großer Klarheit gibt Swami Atmaswarupananda Antworten auf essenzielle Fragen. Eine Sammlung von 85 kurzen Vorträgen während der Morgenmeditationen im Sivananda Ashram, Rishikesh. Jeder davon enthüllt dir unmittelbar einen Aspekt der klassischen vedantischen Lehren im heutigen Kontext. Typische Hindernisse und Zusammenhänge der spirituellen Entwicklung werden dir klar. Das Buch richtet sich an Interessierte verschiedener Traditionen.
182 Seiten, Paperback. 10,80 €. ISBN 978-3-931854-72-0

NEU: Kandar Anubhuti (Sri Kartikeyan)
Ergreifende Geschichte eines spirituellen Aspiranten, der erkennt, dass ihm diese materielle Welt nicht wirklich dauerhaftes Glück schenken kann. Dank der tiefgründigen Interpretation von Sri Karthikeyan werden die Verse zu einer praktischen Anleitung und wertvollen Hilfe für Aspiranten. Sri Kartikeyan ist direkter Schüler des großen indischen Meisters Swami Sivananda und lebt seit über 40 Jahren im Sivananda Ashram Rishikesh.
352 Seiten, Paperback. 17,90 € ISBN 978-3-931854-67-6

Klassische Upanishaden
Die Weisheit des Yoga. Die elf wichtigsten Upanishaden in der Übersetzung von Paul Deussen. Du bist nicht dieser Körper, du bist nicht der Verstand, du bist nicht die Emotionen und Gedanken, du bist Atman, das Selbst und damit in deiner Essenz nichts anderes als Brahman, das Absolute, das Urprinzip oder Gott. Dein wahres Selbst ist unvergänglich, unsterblich, ewig, unberührt von allen äußeren Veränderungen, reines Sein, Bewusstheit an sich (Sat), vollumfängliches intuitives Wissen (chid) und immerwährende Wonne und Glückseligkeit (ananda). Dieses Sat-Chid-Ananda zu erfahren und zu verwirklichen ist das Ziel des Yoga. Aus den Texten der Upanishaden spricht diese mystische, archaische Erfahrung.
270 Seiten, Paperback. 12,80 €. ISBN 978-3-931854-49-2

Yoga Vidya Kirtan Textheft
Mantras und Liedertexte zum Singen. Das Singen von Mantras (Kirtan) ist eine wunderschöne, freudvolle Methode zur Erweiterung des Bewusstseins, zur Erlangung des Gefühls der Einheit mit dem Kosmischen. Dieses Buch kann Dir eine wertvolle Hilfe beim Mantra-Singen sein. Hier findest Du die Texte der meisten Mantras und Lieder, die wir in unserem Yoga-Center während des Satsangs und der Seminare oder während der Yoga-Ferien singen.
116 Seiten, Paperback. 4,90 €. 3-931854-22-5

Bücher von Sukadev Bretz:

Die Yoga-Weisheit der Bhagavad Gita für Menschen von heute, Band 1, 2 und 3

„Viele Menschen entdecken an sich selbst, dass sie schon früh Yoga Samskaras haben. Mich z.B. hat schon als Kind das Wort „Yogi" völlig fasziniert. Jemand aus meiner Klasse hat irgendwann mal den Lotussitz gemacht...., aber ich fand es beeindruckend, dass jemand so dasitzen kann. Und irgendwann habe ich dann gehört dass jemand Yoga macht. Ich hatte nicht die geringste Ahnung, was das sein sollte, aber irgendwie fand ich das toll. Ich wollte dann auch Yoga machen... Swami Vishnu hat uns immer wieder gesagt, dass es in unserer westlichen Gesellschaft kaum jemandem möglich sein wird, täglich zu meditieren und Asanas und Pranayama zu machen, der nicht Samskaras aus einem früheren Leben in sich hat." *(Auszug Kommentar von Sukadev Bretz)*
Band 1: 204 Seiten, Paperback. 10,50 €. ISBN 978-3-931854-62-1
Band 2: 152 Seiten, Paperback. 9,50 €. ISBN 978-3-931854-65-2
Band 3: 170 Seiten, Paperback. 9,90 €. ISBN 978-3-931854-77-5
Yoga Vidya Verlag

NEU: Die Kundalini-Energie erwecken

Gleich einer eingerollten Schlange ruht die Kundalini-Energie, die kosmische Urkraft in uns, am Ende der Wirbelsäule. Durch die stufenweise Erweckung dieser Energie können wir das Höchste - die Einheit mit dem Absoluten - erreichen. In inspirierender Klarheit führt Sukadev in die spirituellen Geheimnisse der Kundalini ein und zeigt, wie wir unser Leben durch die Erweckung der göttlichen Urenergie in uns bereichern können. Erläuterungen zur tantrischen Tradition, zu reinigungs- und Erdungsritualen, zum Astralkörper, zu den Nadis und Chakren helfen, die Kraft der Kundalini besser zu verstehen und ermöglichen einen umsichtigen Umgang mit den spirituellen Erweckungserlebnissen. So wird die Kundalini zu einem inneren Abenteuer, das versteckte Potenziale und Fähigkeiten in uns entdecken, das Bewusstsein erweitern und zur eigenen Verwirklichung führen kann. Gebundene Ausgabe, 192 Seiten.
16,95 €. ISBN 978-3-7205-6002-3 Kailash Verlag

Yoga Geschichten

Geschichten und Märchen faszinieren die Menschen seit alters her und waren auch immer schon ein wichtiges didaktisches Hilfsmittel. Die Geschichten in diesem Buch stammen aus klassischen indischen Schriften und wurden von Sukadev Volker Bretz nacherzählt, mit manchen eigenen Interpretationen und Anpassungen an die heutige Lebenssituation, was besonders hilft, ihre Lehren direkt in den eigenen Alltag zu übertragen.

88 Seiten, Paperback. 6,80 €. ISBN 978-3-931854-50-8
Yoga Vidya Verlag   *(Auch als Hörbuch-CD erhältlich)*

Das Yoga Vidya Asana-Buch Band 1

Riesiges Erfahrungswissen über die Asanas der Rishikesh-Reihe, wie sie von Swami Sivananda und Swami Vishnu-Devananda gelehrt wurde. In dieses Buch ist das Wissen aus 25 Jahren Yoga-Studium und -Praxis des Autors Sukadev Bretz geflossen. Dieses Buch zeigt sanfteste wie auch fortgeschrittenste Übungen. Ausgezeichnet für jeden Übenden, der im Hatha Yoga weiter kommen will. Eine Riesenhilfe für die Unterrichtsvorbereitung von Yogalehrenden.
Mit 1800 Fotos. Großformat A4. Mit umfangreichem Index zum schnellen Finden der Asanas. Yoga Vidya Verlag.
212 Seiten, Paperback. 19,80 €. ISBN 978-3-931854-48-5

Die Yogaweisheit des Patanjali für Menschen von heute

Die Yoga-Sutras von Pantanjali sprechen alle Ebenen des Menschseins an. Sie vermitteln einen tiefen Enblick in die praktischen, geistigen und spirituellen Dimensionen des Yoga. Im Mittelpunkt steht der menschliche Geist, seine Funktionsweise, sein Einfluss auf das Leben, aber auch auf seine verborgenen Kräfte und seine Möglichkeiten.
Dem Verfasser ist es durch den von tiefer Erfahrung geprägten persönlichen Umgang mit den Yoga-Sutras gelungen, diese Yogaweisheit für den Menschen unserer Zeit fruchtbar zu machen und dabei seinen kulturellen Hintergrund, seine Bedürfnisse und seine Lebensprobleme mit einzubeziehen. Die leicht verständliche Sprache, die Fülle von praktisch anwendbaren Beispielen aus dem Leben und die zahlreichen Geschichten und Episoden verstärken die Grundaussagen und die Wirkung dieses wichtigen Yogatextes. So wird das Buch ein praktischer Leitfaden sowohl für die Bewältigung des Alltags als auch für spirituelle Erfahrungen. Gleichzeitig ist es damit ein Wegweiser für mehr Lebensfreude, Gesundheit und Wohlergehen.
216 Seiten, gebunden. 20 €. ISBN 978-3-928632-81-2
Via Nova Verlag

Bitte vollständiges Verlagsprogramm anfordern:
Yoga Vidya Verlag • Wällenweg 42 • 32805 Horn-Bad Meinberg
Tel. 05234/87-0 • Fax 05234/87-1875
eMail: shop@yoga-vidya.de • www.yoga-vidya.de/shop

Yoga Vidya Center und Seminarhäuser

In den über 70 Yoga-Vidya-Centern in ganz Deutschland kannst du Yoga systematisch lernen, praktizieren und vertiefen: www.yoga-vidya.de/center

Seminare, Ausbildungen und Erholung in idyllischer Natur:

Yoga und Meditation * Yoga-Ferien * Familie und Kinder * Wellness und Erholung Kundalini * Yogalehrer-Ausbildungen * Weiterbildungen * Ayurveda-Ausbildungen Massage-Ausbildungen * Therapie * Heilpraktiker * Kunst und Musik * Spiritualität Events * Yoga- und Ayurveda-Kongress * und mehr...

... gibt es in den Yoga-Vidya Seminarhäusern in Bad Meinberg/Teutoburger Wald, Oberlahr/Westerwald sowie an der Nordsee. Informationen unter: www.yoga-vidya.de

Yoga Vidya Bad Meinberg
Wällenweg 42, 32805 Horn-Bad Meinberg, Tel. 05234/87-0

Yoga Vidya Westerwald
Gut Hoffnungstal, 57641 Oberlahr, Tel. 02685/8002-0

Yoga Vidya Nordsee
Wiarder Altendeich 10, 26434 Horumersiel, Tel. 04426/9041610